Sagenhafte Orte
Um den Schweriner See

Zu diesem Buch

Der Wanderführer entstand auf der Grundlage einer Sagensammlung und nach einer Idee von Erika und Jürgen Borchardt. Die Ermittlung weiterer Sagen und die Recherchen zu den Orten/Sagenorten leitete Jan Clausen. Mitarbeiter bei den Recherchen waren zeitweilige Teams des Kulturvereins Sagenland Mecklenburg-Vorpommern e.V. Nach diesen Vorlagen schufen Erika und Jürgen Borchardt den Text.

Danksagung

Für Zuarbeiten und kameradschaftliche Unterstützung bedanken wir uns bei Dr. Heinz Falkenberg, Hohen Viecheln; Burghard Keuthe, Wulfsahl; Dr. Frank Löser, Göhren; Hans-Peter Pipping, Görslow; Herbert Remmel und Helmut Schaber, Pinnow; Elke Schnoor, Alt Meteln; Volker Schnuhr, Schwerin; Tourismus-Information Banzkow sowie bei den Bürgermeistern der „Sagenorte".

Sagenhafte Orte

Um den Schweriner See

Zwischen Warnow und Stepenitz, Döpe und Lewitz

Der Wanderführer

Herausgegeben von Erika und Jürgen Borchardt

3. erweiterte Auflage

EDITION digital Schwerin

Impressum

Sagenhafte Orte. Um den Schweriner See. Zwischen Warnow und Stepenitz, Döpe und Lewitz. Der Wanderführer; Herausgegeben von Erika und Jürgen Borchardt, 3. erweiterte Auflage.

Recherchen: Jan Clausen u. a.

Text: Erika und Jürgen Borchardt.

ISBN 978-3-86394-030-0 (Buch)

ISBN 978-3-86394-044-7 (E-Book)

Fotos: Jan Clausen, Volker Schnuhr, Bärbel Weinert, Katrin Wendel, Helmut Schaber, Jürgen Borchardt, Johann Wesolek, Karl Georg Haustein

Karte: Ausschnitt aus der Rad-, Wander- & Gewässerkarte „Schweriner See" mit freundlicher Genehmigung des Verlages. © Dr. Lutz Gebhardt, Verlag grünes herz, PF 100564, 98684 Ilmenau/Thür., Tel. 03677-63025, Fax 63040, www.gruenes-herz.de

Kartengrundlage S.34 und 177: Freizeitkarte Mecklenburg-Schwerin, Maßstab 1:100.000, Blatt 1 und 3. Kartografie und Gestaltung: Peter Kast, Ing.-Büro für Kartografie, Wismarsche Str. 321, 19055 Schwerin. Tel. 0385-5811199, Fax 0385-5811198. E-mail: info@kartografie-kast.de

Lageplan „Archäologischer Lehrpfad Kritzow" mit freundlicher Genehmigung von Siegfried Bondzio, Langen Brütz.

Vertrieb: EDITION digital Pekrul & Sohn GbR
Alte Dorfstraße 2 b, 19065 Godern
Telefon: +49 3860 505788
Fax: +49 3860 505789
E-mail: verlag@edition-digital.com
Internet: www.edition-digital.com

Satz- und Layoutrevision, Bildbearbeitung und Reinzeichnung:
MEDIENAGENTUR – Franta
93462 Lam, Telefon: 0 99 43 - 90 21 56, E-mail: m-franta@t-online.de

Druck: DRUCKARNIA TOLEK, ul. Żwirki i Wigury 1, 43-190 Mikołów, Polen

Inhalt

Einleitung

Was wir Ihnen hier vorlegen, gibt es in Deutschland bisher noch nicht: Das ist die Möglichkeit, durch Wanderungen zu Sagenorten eine ganze Landschaft zu erkunden. Mecklenburg ist eines der sagenreichsten deutschen Länder, und die Gegend rund um den Schweriner See hat ganz besonders viele Sagen. Bei der Wanderung zu ihren Handlungsorten gelangt man bis in die kleinsten Winkel.

Die Sagenwanderung hat einen ganz besonderen Reiz: Sie führt zu bekannten Orten der Kultur und Natur, durch die Sagen jedoch werden sie geheimnisvoll. Sie führt aber auch an Stätten, zu denen man ohne die Sagen vielleicht nie gewandert wäre. Die wohl bekannte Heimat oder den Urlaubsort – wir sehen sie am Sagenort mit anderen Augen. Wenn über scheinbar unbedeutende Stellen Spuksagen existieren, kann man getrost davon ausgehen: Dort stand einmal etwas Bedeutsames, eine Siedlung, Burg oder Begräbnisstätte der Frühgeschichte, aus der Römer-, Germanen- oder Slawenzeit. Die Sage bewahrt auf besondere Weise die Erinnerung daran. Die Suche nach dem Sagenort führt uns oft zu geheimnisvollen und dazu noch wunderschönen Stätten.

Die Gegend rund um den Schweriner See ist landschaftlich eine poetische Schöpfung. Die Sagenwanderung zwischen der Warnow im Osten und der Stepenitz im Westen, dem Döpesee sowie Bad Kleinen im Norden und der Lewitz im Süden führt durch eine sanft gewellte, manchmal herbe und Urwald ähnliche, manchmal liebliche Landschaft, zu Seen und Söllen, Wäldern und Wiesen, Niederungen, Tälern und Hügeln, zu den romantischen Durchbruchstälern der Warnow und ihren Flüsschen, in Naturschutzgebiete, zu Relikten aus der Stein-, Bronze- und Slawenzeit, zu Burgen, Dörfern, Herrenhäusern, Schlössern und Kirchen aus dem Mittelalter und der neueren Geschichte.

Wir können Autostraßen nutzen, gepflegte Rad- und Fußwanderwege oder einsame Pfade. In aller Muße kann man die sagenhaften Stätten und Dörfchen erkunden und die Gegend genießen. Ein Reiz der Wanderung liegt auch in der ständigen Nähe zum Schweriner See und den vielen Seen an seinem Rand.

Der Schweriner See ist einer der größten Seen Deutschlands, 21 km lang, bis zu sechs km breit und 54 m tief. Er entstand durch das abfließende Schmelzwasser der abklingenden Eiszeit vor etwa 20 000 Jahren. Durch den Störkanal im Süden hat er eine Verbindung zur Mecklenburgischen und Brandenburgischen Seenplatte bis Berlin und weiter, vermittels der Elde eine Verbindung zur Elbe und somit zur Nordsee, im Norden durch den Wallensteingraben eine Verbindung mit der Ostsee. Er ist ein Paradies auch für Wasserwanderer und Segler.

Die Gliederung: Die Region ist zur besseren Orientierung in mehrere Teilgebiete gegliedert. Wir machen keine Routenvorschläge; die Ausgangspunkte der Wanderer sind unterschiedlich, man soll wählen können, was einem am Nächsten liegt oder gerade begegnet. Wir beginnen bei Schwerin, der ältesten Stadt Mecklenburgs, die eine deutsche Gründung ist, zugleich eine bedeutende slawische Burg und Siedlung war, und umrunden den See entgegen dem Uhrzeigersinn.

Die Erzählform: Die Sagen werden in Kurzform wiedergegeben, und weitere Sagen zu einem Ort werden noch kürzer nur benannt. Eine andere Form würde den Rahmen eines Wanderführers sprengen.

Der Service: Wir geben außer einigen Informationen über den Sagenort auch ein paar Tipps zu weiteren Sehenswürdigkeiten, zu Bade- und Angelmöglichkeiten, zu Verkehrsverbindungen und Gastronomie. Eingelegt ist eine Wanderkarte. Die Übersichtskarte zu Kapitel II finden Sie auf Seite 34, zu Kapitel VIII auf Seite 178.

Wanderer an der Glückskuhle am Petersberg bei Pinnow

I. Schwerin

Schwerin ist vielleicht die Stadt mit der größten Zahl von Sagen in Deutschland. Wandert man zu den Orten des geheimnisvollen Geschehens, lernt man wichtige Sehenswürdigkeiten der Stadt auf neue Weise kennen. Sie sind alle Sagen umwoben: Schloss und Dom, Alter Garten, Burg- und Schlossgarten, Altstadt und Schelfstadt, Alter Friedhof, die ehemaligen Dörfer Krebsförden, Zippendorf und Mueß, der Schweriner See, der Pfaffenteich und der Ziegelsee, Plätze und Parks zum Spielen, Bummeln und Träumen.

Woher mag dieser Sagenreichtum kommen? Aus einer besonderen Geographie?

Über ein Viertel der Stadtfläche ist Wasser, mitten in der Stadt befindet sich der Pfaffenteich mit Schwaneninsel und Petermännchen-Fähre, um sie herum liegen weitere größere Seen und Wälder, 500 Hektar des Stadtgebietes sind Parkanlagen und unter der Erde gibt oder gab es zahlreiche Kanäle und Gänge. Das alles ist wohl etwas Besonderes, für Sagen gut Geeignetes, aber ganz außergewöhnlich auch wieder nicht. Ob die Geschichte eine Ursache sein kann?

Schwerin ist die älteste Stadt Mecklenburgs. 1160 wurde sie von Heinrich dem Löwen gegründet, einem der mächtigsten deutschen Herrscher seiner Zeit. Hundert Löwen sollen im Stadtbild zu sehen sein. Sie aber könnten nicht die Ursache des Schweriner Sagenreichtums sein, selbst wenn es zu jedem der Löwen eine Sage gäbe. Forschen wir weiter. Die Stadt ist ein sehr altes Siedlungsgebiet. Auf ihrem heutigen Areal fand man sechs Hügelgräber aus der älteren Bronzezeit, sie sind über 3000 Jahre alt. Während der Völkerwanderung im 4. bis 6. Jahrhundert u. Z. verließen die Germanen diesen Raum und der slawische Stamm der Obotriten besiedelte ihn neu. Sie bauten auf der Insel im See eine Burg, auf ihren Resten steht das heutige Schloss, prächtig anzusehen, mit seiner filigranen Fassade, den goldenen Kuppeln und den vielen Türmen und Türmchen, die zumeist Schornsteine sind. Jahrhunderte lang war es Residenz der aus dem Obotritenstamm hervorgegangenen mecklenburgischen Herzöge und Großherzöge. Entstanden ist es aus Bauten aus fünf Jahrhunderten.

Vielleicht liegen in der Vermischung dieser Geographie und Geschichte die wichtigsten Wurzeln für die außerordentlich hohe Zahl der Schweriner Sagen. Den übergroßen Anteil machen die Geschichten vom Schlossgeist Petermännchen aus, eine einzigartige Sagengestalt, mit so vielen Eigenschaften, wie sie keine andere Figur der deutschen Geistergeschichte aufweist. Über ihn existieren an die 700 Überlieferungen. Das ist außergewöhnlich. Der Siedlungsgeschichte entsprechend finden wir in Schwerin aber auch typische andere Sagenfiguren: den aus der germanischen Mythologie stammenden Wilden Jäger, den Schimmelreiter, das Land verlassende Zwerge, einen mittelalterlichen Poltergeist, einen geheimnisvollen Mann ohne Kopf, das Geldfeuer, ein sprechendes Gerippe, ein Ungeheuer im See und selbst eine Rosstrappe auf einem Stein in diesem See.

Blick auf die Werderhalbinsel am Schweriner See vom Burggarten aus

Der übermütige Ritter vom Reiterhorn *Vom Werderholz bis Raben Steinfeld liegen im Schweriner See kleine Berge oder Klippen. Das sind: Der Weiße Berg, das Zippenhorn, das Bullhorn, das Reiterhorm, das Steinhorn, das Lenzerhorn und der Große Stein. Vor langer Zeit, als noch Gott Wotan die Welt regierte, standen an diesen Stellen Burgen. Ihre Besitzer waren freche Ritter, die sich mit Gott und aller Welt stritten. Eines Tages wurde der Ritter vom Reiterhorn übermütig und forderte mit einem kräftigen Fluch den Germanengott Wotan zum Kampf heraus. In der Walpurgisnacht zog Wotan mit Blitz und Donner über den Schweriner See hinweg. Das Wasser türmte sich zu hohen Bergen und verschlang alle Ritterburgen.*

Reiterhorn: Im Schweriner See, nahe dem Hafen, Richtung Schloss und der Insel Kaninchenwerder

Die Rosstrappe im See *Ein Kosak wurde vor 200 Jahren zu der Strafe verurteilt, bei der Werderhalbinsel in den See zu reiten. Unerklärlicher Weise ertrank er nicht, sondern kam mit seinem Ross bis zu einem Stein. Mit einem gewaltigen Satz sprang es aus dem Wasser, und der Huf drückte in den Stein. Der Kosak verschnaufte, setzte eine Flasche Wein an, trank sie in einem Zug aus und schoss voller Freude in die Luft. Dann ritt er weiter und kam wohlbehalten auf der anderen Uferseite in Görslow an. Übermütig wendete er sein Pferd und ritt über den See zurück. Doch am Stein sah man ihn zum letzten Mal. Seitdem hat auch Schwerin eine Rosstrappe.*

Der Stein ist das Reiterhorn.

Das Schloss, vor knapp einem halben Jahrtausend auf der Burginsel errichtet, war zuerst lediglich ein einzelnes größeres Gebäude, etwa wie an der Seeseite das „Lange Haus" der Terrakottafassade rechts vom großen Turm. Jeder neue Landesherr ließ weitere Gebäude schaffen oder Vorhandene umbauen. Nach und nach erst entstanden Bastionen, ein Zeughaus (für Waffen und Munition), der Zwinger, die Kirche, die Münze, ein Back-, Brau- und Badehaus, eine Apotheke, das Komödienhaus, ein Haus für Gemälde, Wohngebäude für höhere Bediente, Wirtschaftsgebäude, die Orangerie. So wuchs auf der Burginsel allmählich eine kleine Stadt. Erst vor 150 Jahren etwa wurden die verschiedenen Bauten teilweise umgestaltet und zum heutigen Schlossensemble zusammen gefügt. Unter dem Ganzen liegen Reste der Obotritenburg von vor 1000 Jahren etwa. Und überall spukt der von manchen geliebte, von anderen gefürchtete Schlossgeist Petermännchen.

Der teuflische Fluch des Priesters

Vor achthundert Jahren. Ein deutscher Priester zerstört das Heiligtum der Obotriten. Der Obotritenprinz erschlägt ihn mit dem Schwert. Im letzten Atemzug verwünscht der Priester den Prinzen in einen Zwerg. Als Geist lebt der verwunschene Prinz im Schloss auf der Burginsel seiner Väter. Er ist ein Schutzgeist des Hauses, belohnt die Guten und straft die Bösen, kündigt traurige und schöne Ereignisse an, treibt Neckereien, macht sich unsichtbar, benutzt unterirdische Gänge, fliegt durch die Luft, hat eine Schatzkammer im See. Und er wartet auf Erlösung. Woraufhin, sollte das Werk gelingen, Schreckliches geschieht.

Standort am Schloss

Der geheimnisvolle Zwerg *Vor etwa 300 Jahren diente im Schloss der Kammerlakai Daniel Gardemin. War er schlecht gelaunt, beschimpfte er den Hofzwerg des Herzogs. In der darauf folgenden Nacht aber polterte es über seiner Kammer, dass er kein Auge zutun konnte. Eines späten Abends musste Gardemin mit einem Kerzenlicht in den Keller, um Wein zu holen. Plötzlich stellte sich ihm ein kleines Männchen in ungewohnter Tracht in den Weg. Gardemin beschimpfte es fürchterlich und wollte es sogar mit der Weinflasche auf den Kopf schlagen. Da erlosch die Kerze und er bekam so kräftige Maulschellen, dass seine Backe noch tagelang danach dick angeschwollen war. Von da an machte er immer einen großen Bogen um den Hofzwerg.*

Das Schloss hat sehr viele unterirdische Gänge, manche sind verschüttet oder nicht mehr bekannt oder ganz geheim. In den Sagen dienen sie alle dem Schlossgeist. Er soll sogar einen Gang unter dem Alten Garten zum Kloster haben (jetzt die Staatskanzlei), weiter zum Dom und schließlich bis zum Ziegelsee, wo eine seiner Schatzkammern liege. Eine andere Schatzkammer habe er im Schweriner See, nahe der Insel Kaninchenwerder. Der Gang dorthin führe unter dem Schweriner See entlang und weiter bis ans andere Ufer zum Petermännchenberg bei Görslow und schließlich unter dem Pinnower See bis zum Petersberg bei Pinnow. In diesem Berg betreibe Petermännchen eine Schmiede. In einer Nacht sei er vom Petersberg zum Schloss auch auf einem Schimmel durch die Luft geritten. Petermännchens Reich ist also auf, über und unter der Erde. Und er ist ein Haus- und ein Wandelgeist, ein Erd- und ein Berggeist, ein Wasser- und ein Luftgeist.

Die Felsengrotte wurde vor etwa 150 Jahren errichtet, aus Steinen vom Ostufer des Schweriner Sees, wo es den Petermännchenberg (bei Görslow) und den Petersberg (bei Pinnow) gibt.

Die Schlosskirche, die erste evangelische Kirche Mecklenburgs (16. Jahrhundert), ist in das Schlossensemble eingefügt. Im Glockenturm (rechts, mit Zwiebeldach) hat das Petermännchen ein eigens für ihn vor etwa 150 Jahren eingerichtetes Zimmer.

Petermännchens Stübchen *Jeden Tag schüttelte ein Dienstmädchen das Bett des Schlossgeistes frisch auf. Als Lohn fand sie täglich ein Geldstück auf der Bettdecke. Wenn sie eine kleine Kuhle dort entdeckte, wusste sie, dass Petermännchen dort geschlafen hatte.*

Der Schlossgeist wacht über die Wachsoldaten
Wenn Wachsoldaten während ihres Dienstes einschliefen, dann weckte sie das Petermännchen auf scherzhafte Weise, manche auch mal mit ziemlich derben Püffen und Schlägen. Oft nahm der Geist den Schläfern die Gewehre aus den Armen, versteckte sie oder schraubte sie gar auseinander und verstreute die einzelnen Teile im ganzen Burggarten.

Wie Petermännchen Wallenstein vertrieb *Im Jahre 1628 hatte der großmächtige Feldherr Wallenstein das Herzogtum Mecklenburg vom deutschen Kaiser erhalten und die rechtmäßigen Herzöge vertrieben. Er begann sich im Schweriner Schloss häuslich einzurichten. Doch hatte der Befehlshaber, vor dem halb Europa erzitterte, die Rechnung ohne den kleinen Schlossgeist gemacht. Das Petermännchen* *machte sich unsichtbar, polterte des Nachts wie wild, warf Stühle um, zwickte und zwackte den abergläubischen Feldherrn, zog ihm die Bettdecke weg und bedrohte ihn gar mit einem Dolch. Wallenstein fürchtete um sein Leben, verließ Schwerin und zog ins Güstrower Schloss.*

Der Alte Garten war einst etwa 14 Meter tiefes Moorgebiet, nur über hölzerne Stege und eine Holzbrücke gelangte man von der Stadt auf die Burginsel. Im 16. Jh. war der Platz aber schon eng bebaut. Bei der Siegessäule etwa befand sich ein Pferdegestüt, eine offene Reitbahn führte bis zur Schlossbrücke. Bei der heutigen Staatskanzlei standen ein Mönchs- und ein Nonnenkloster, anstelle des Museumsgebäudes noch die alte Ravensburg. Im 17. Jh. wurde vorm Hafen eine Art Park mit Bäumen und Springbrunnen errichtet, daher die Bezeichnung Garten. Später legte man hinterm Schloss einen neuen Garten an, den jetzigen Schlossgarten, und der nun Alte Garten wurde eingeebnet für Militärparaden. Seither ist er ein fast leerer Platz mit einer reichen, aber unsichtbaren Geschichte - ein günstiger Nährboden für die Entstehung von Spuksagen. Eine davon ist die Folgende.

Überall in der Stadt verliefen Rinnsteine, schmale Kanäle für Regen- und Abwässer. Vor 300 Jahren wurden sie überwölbt. Auf dem Alten Garten hingegen gab es noch bis zum 19. Jh. einen offenen Rinnstein.

Blut im Rinnstein *Ein seinerzeit sehr bekannter hoher geistlicher Herr wandelte eines Abends auf dem Alten Garten. Da bemerkte er das Petermännchens am offenen Rinnstein. Als der hohe Herr sich näherte, huschte die kleine Gestalt hinweg in Richtung Schloss. Der Geistliche sah in den Rinnstein und erschrak gewaltig: Das Wasser hatte eine blutig rote Farbe, das bedeutete Feuer oder Krieg. Und tatsächlich begann bald danach der deutsch-französische Krieg (1870/ 1871).*

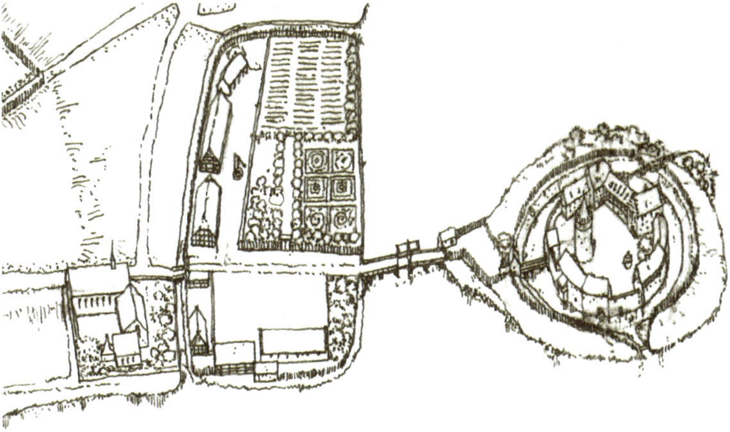

Burginsel, (Alter) Garten und Kloster-Reste/ Marstall um 1650

Frankreich verlor den Krieg und musste an Deutschland fünf Milliarden Goldfranken zahlen. Von dem Geld errichtete man u. a. das Museum am Alten Garten. Die Figur Megalopolis auf der Siegessäule wurde aus französischen Beutekanonen gegossen und soll das am Krieg beteiligte siegreiche Mecklenburg symbolisieren.

Am Rande des jetzigen Alten Gartens, gegenüber dem Schloss, befand sich früher das Franziskanerkloster. Die Straße hinter der Staatskanzlei heißt heute noch Klosterstraße.

Der Poltergeist Puck *Der Vorsteher des Klosters hatte einmal wieder wegen etlicher Geschäfte in Lübeck zu tun. Auf der Rückreise machte er Halt beim Edelmann von Halberstadt in Klein Brütz. Der hatte einen unsichtbaren Poltergeist im Hause. Durch ein unredliches Versprechen brachte ihn der Mönch mit nach Schwerin ins Kloster. Dort ließ er den Puck alle niederen Arbeiten verrichten. Als Lohn versprach er ihm ein buntes Röckchen mit allerlei bunten Bändern und Schellen. Die Mönche wurden indessen so faul, dass sie nicht einmal mehr ihren heiligen Pflichten nachkamen. Eines Tages brannte das Kloster. Puck vollbrachte wahre Wunder: Dank seiner Hilfe konnte das Feuer gelöscht werden, und in einer einzigen Nacht trug er auf seinem Rücken so viel Holz heran, wie zum Wiederaufbau benötigt wurde. Jedoch niemals erhielt er ein freundliches Wort oder gar einen Dank für seine Mühen. Nach 30 Jahren Fronarbeit kündigte Puck enttäuscht seinen Dienst auf, zog das bunte Röckchen an und erhob sich in die Lüfte.*

Das Kloster verkam, die Mönche verstreuten sich in alle Richtungen. Herzog Johann Albrecht I. ließ im 16. Jahrhundert Teile der verfallenden Klosteranlage abreißen. Mit den Steinen wurde auf der Burginsel die erste evangelische Kirche in Mecklenburg errichtet. Geister sollen die Eigenschaft haben, mit den Steinen ihrer Behausung mitzuwandern. Knapp 200 Jahre später sah man im Schloss ein kleines Männchen, das sich unsichtbar machen konnte. Es polterte, verteilte Ohrfeigen, bestrafte böse Menschen und belohnte Gute. Die Leute nannten den Poltergeist Petermännchen.

Der Kreuzgang des Doms von der Bischofstraße aus

Der Dom wurde zwischen 1260 und 1416 erbaut, 156 Jahre lang. Die Paradiespforte an der Südseite stammt noch vom Vorgängergebäude (1248 geweiht). Dessen Vorläufer wiederum wurde 1171 geweiht, in Anwesenheit seines Stifters, des mächtigen Sachsen- und Bayernherzogs Heinrich der Löwe. Davor kann hier ein obotritisches Heiligtum gestanden haben, wodurch sich die Beziehung des Petermännchens zu dieser Stätte erklären würde. Der Dom besitzt mit 117,5 Metern den höchsten Kirchturm Mecklenburgs. Er ist somit noch höher als drei zehngeschossige Hochhäuser übereinander. Steigt man die z. T. enge Wendeltreppe 220 Stufen hinauf, hat man einen weiten Blick auf die Stadt und die Seen, Felder und Wälder ringsum.

Petermännchen im Trauerflor *Im Kreuzgang des Doms sah man einst den Schlossgeist bei helllichtem Tage mit wehendem Trauerflor. Kurz darauf starb der noch so rüstige Großherzog Friedrich Franz II. Ein Jahr zuvor hatte er nach dem Tod der Prinzessin Anna zwei Wochen lang die Glocken aller Kirchen des Landes für sie läuten lassen, auch die des Domes, von zwölf bis ein Uhr mittags. Jetzt läuteten sie für ihn.*

Die grüne Glocke *Vor Zeiten sollen zwei Schiffer aus Schwerin vom anderen Ende des Sees zwei fremdartig gekleidete Knaben in ihrem Boot mitgenommen haben. Auf der Mitte des Sees waren die Knaben* *plötzlich verschwunden, und statt ihrer standen zwei große Kisten im Kahn. Der eine fand lauter blinkendes Gold, der andere eine grüne Glocke. Der Erste verteilte sein Gold bis auf das, was er selber brauchte, unter die Armen, der Zweite schenkte die Glocke an den Dom.*

Der Pfaffenteich mit der Büste von Heinrich Schliemann. Er entdeckte jenen Hügel in der Türkei, auf dem das sagenhafte Troja lag, mit Hilfe der Sagen über den Trojanischen Krieg.

Der Pfaffenteich mitten in Schwerin hat eine Schwaneninsel, eine Fontäne - und den kleinen Dampfer „Petermännchen". Um den See herum stehen interessante Gebäude, darunter das orientalisch, florentinisch und englisch anmutende Arsenal, das ehm. Wohnhaus des Komponisten Friedrich Kücken und das alte Elektrizitätswerk, einem trutzigen Schloss ähnlich, heute Theaterspielstätte, auch für Puppentheater. Der etwas seltsame Name des kleinen Sees erklärt sich ganz einfach: Nahebei lebten früher die Domherren und andere Geistliche, im Volksmund Pfaffen genannt.

Neckerei am Waschtag *Vormals wuschen die Schwerinerinnen im Pfaffenteich auch ihre Weißwäsche. Das Petermännchen war bei diesem emsigen Treiben gern zugegen und trieb allerlei Späße. Unsichtbar vertauschte er die Wäschestücke in den Körben. Oder er zwickte die Mädchen in die Waden und anders wohin, dass sie vor Schreck aufjuchzten, herumfuhren und einen der vorübergehenden Burschen für den Übeltäter hielten. Dann freute der kleine Kerl sich königlich und sein übermütiges Lachen scholl über den ganzen Pfaffenteich.*

Ein langer Bart bringt Erlösung *In einer weiten Halle, tief auf dem Grund des Ziegelsees, soll der Schlossgeist an einem großen Stein sitzen. Tag um Tag harrt er dort aus, Jahr um Jahr. Deshalb hat ihn auch niemand in den letzten Jahrzehnten gesehen. Er wartet darauf, dass sein Bart so lang gewachsen ist, dass dieser den großen Steinblock dreimal umschlingt. Wenn das geschehen ist, wird kein Mensch mehr seine Dienste benötigen und Petermännchen ist erlöst.*

Wiederherstellung der Sagenstätte am Sagenort von den versteinerten Hirtenknaben auf dem früheren Lankower Feld, im heutigen Stadtteil Lankow.

Die versteinerten Hirtenknaben *Wo vor einigen Jahrzehnten der Stadtteil Lankow erbaut wurde, befand sich früher ein Dorf, umgeben von Feldern und Wiesen. Junge Burschen hüteten das Vieh der Dörfler auf den Weiden. Die Tage waren lang. Sie dachten sich allerlei Spiele aus, um sich die Zeit zu verkürzen.*

Eines Tages hüteten drei Hirtenknaben auf dem Felde die Kühe. Sie hatten Brot und Käse von zu Hause mitbekommen. Zwar aßen sie den Käse, aus dem Brot aber machten sie Kugeln und spielten Kegel damit. Zur Strafe traf sie ein Zauber: Sie wurden alle drei in Steine verwandelt.

Später hüteten wieder einmal Hirtenknaben an der gleichen Stelle. Als sie die Steine liegen sahen, sagte der eine von ihnen: „Seht, das sind die drei Jungens, die mit Brot gespielt haben. Nun liegen sie hier als Steine". Die anderen aber wollten es nicht glauben und stachen mit ihren Messern auf die Steine. Da floss Blut heraus.

Alter Friedhof, Feldstadt

Ein Gerippe steigt vom Galgen *Ein übermütiger Fischer geht des Nachts über den Friedhof am Galgenberg vorbei und hänselt ein Gerippe. Da steigt es herab und bedroht ihn mit dem Tode. Der Fischer stirbt beinahe allein schon vor Entsetzen. Aber er wird gerettet und das Gerippe zerfällt zu Staub.*

Alter Friedhof, westlich der Feldstadt.

Das mehr als 300 Jahre alte Hallenhaus »Dat Oll Hus«, mitten im Stadtteil Krebsförden Dorf Museum der Familie Stender über bäuerliches Arbeiten und Leben in der Vergangenheit.

Der Mann ohne Kopf *Auf dem Kirchsteig in Krebsförden Dorf, bei der Brücke über den Krebsbach, unterhalb des Graureiher-Waldes, sah man bei Mondschein einen Mann ohne Kopf laufen. Er ging regelmäßig den kleinen Berg zur Straße Am Winkel hoch.*

Den Kirchsteig findet man in Krebsförden Dorf am Ende der Straße Am Winkel, vor dem letzten Haus. Er führt rechts hinunter in ein kleines Tal, vorbei am Graureiherwald und auf einer Holzbrücke über den Krebsbach. Dieser Weg war früher für die Dorfleute die kürzeste Strecke zur Kirche nach Schwerin. Selbst Hochzeitspaare wanderten auf diesem Wege zur Trauung in die Stadt, wenn sie sich keine Kutsche leisten konnten. Ein herzoglicher Erlass verfügte, dass hier jegliches Streiten, Belästigen und andere Händel verboten waren.

Brücke über den Krebsbach

Das Geldfeuer *In Krebsförden Dorf steht hinter dem Familienmuseum„Dat oll' Hus" eine wieder in Stand gesetzte Durchfahrscheune. Zwischen dieser Scheune und den alten Eichen dahinter, auf der höchsten Stelle, gab es eine ganz unheimliche Erscheinung. Im Spätherbst, „tau Tüffelsammel-Tied" (zur Kartoffelsammel-Zeit), brannte es dort. Das Feuer glühte, flammte, loderte, dass einem angst und bange wurde. Die Leute nannte die Erscheinung das Geldfeuer. Sie meinten, dort wären Geld und Gold vergraben. Das mochte wohl sein. Im Dreißigjährigen Krieg vor 350 Jahren mussten die Menschen sich und ihre Habe häufig vor den plündernden Soldaten verbergen.*

Das unheimliche Licht wurde von vielen gesehen. Niemand aus dem Dorf aber wagte sich in die Nähe, wenn es brannte. Und niemand unternahm es gar, den Schatz zu heben.

Am Sagenort vom Geldfeuer hinter dem „Oll Hus", Museum der Familie Stender in Krebsförden Dorf

Ein schlauer Bauer narrt den Wilden Jäger *Der Wilde Jäger zieht mit seiner Meute durch den Mueßer Wald. Er wirft einem Bauern eine Eisenkette zu, um mit ihm die Kräfte zu messen. Der Bauer ist schlau, er weiß sich zu helfen und gewinnt das Ringen. Zum Lohn bekommt er einen Stiefel voll Blut und ein Hinterteil von einem zerlegten Hirsch. Auf dem Heimweg verwandelt sich das Blut in Gold und das Hinterteil in Silber.*

Im Wald von Zippendorf nach Mueß.

Im Volkskundemuseum Schwerin-Mueß

Frau Wode in der Spinnstube *Frau Wode ist ein gutes Gespenst. Sie muss nicht wegen ihrer Sünden umgehen, kommt aber trotzdem nicht zur Ruhe. Als Gespenst beschert sie den Guten Glück und Segen. Oft setzt sie sich zu den Spinnerinnen und spinnt eine Stunde mit. Dann sieht sie sich das Gespinst der Mädchen an und die Fleißigste bekommt zu Weihnachten einen Glück bringenden gehenkelten Dukaten.*

Das Mecklenburgische Volkskundemuseum ist eine idyllische Dorfanlage mit Bauernhof und Büdnerei, Fischerhaus und Hirtenkaten, Schmiede und Schule, Brunnen, Backofen und Kräutergarten. In der Schulscheune stehen Geräte zum Zwirnen, Spinnen und Weben.

In der Straße von Mueß nach Consrade/Plate

Der Teufel ohne Kopf *Einige Männer kehrten um Mitternacht heim auf dem Weg von Consrade nach Mueß. Da sahen sie ein Geldfeuer. Sie holten Werkzeug, um den Schatz zu heben. Dabei durften sie nicht sprechen. Einer von ihnen musste den linken Schuh ausziehen und damit das Feuer löschen. Als sie den schweren Kessel hoch gewuchtet hatten und das viele Gold sahen, rief einer plötzlich: „Johann, halt fest!" Da gab es einen großen Krach. Der Wuchtbaum brach durch, der Kessel fiel wieder runter, und es gab einen großen Gestank und viel Rauch. Ein gräulich aussehender Mann erschien auf einem Schimmel vor dem Loch. Den Kopf trug er unterm Arm. „Johann, der Teufel kommt," riefen sie und liefen davon.*

Tod in der Nordsee *Vor über 100 Jahren sah der Kammersänger Karl Meyer auf der Drehbrücke am Schloss das Petermännchen in schwarzer Tracht. Das bedeutete Tod in der großherzoglichen Familie. Zwei Wochen danach kenterte der junge Schweriner Herzog Friedrich Wilhelm mit seinem Torpedoboot und ertrank. Der Schlossgeist hatte warnen, aber nicht retten können.*

Reppiner Burg. Ruine im Gedenken an den Seemannstod des jungen Herzogs Friedrich Wilhelm. Am Wanderweg zwischen Mueß und Störkanal direkt am Schweriner See.

An die 50 Sagen zu 27 Sagenorten findet man in ausgearbeiteter Form in der Publikation

Das sagenhafte Schwerin. (siehe Seite 206)

Wanderführer für große und kleine Schweriner und ihre Gäste.

Weitere Tipps

Schwerin sagenhaft erleben. Führungen zu Sagenorten.
Ilona Huhnstock, Kreativitätspädagogin. Werderstr. 12, 19055 Schwerin.
Telefon: 0385 - 20 79 850/ 0160 - 920 30 525.
E-mail: ilona-fam.vatter@freenet.de

Mecklenburg Tourist Office
Puschkinstr. 39, 19055 Schwerin
Telefon: 0385-47 93 135
E-mail: sabine.meyer1952@web.de

Weiße Flotte Schwerin
19055 Schwerin, Werderstraße 140
Telefon: 0385-55 77 70
Fax: 0385-55 777 11

Touristinformation Schwerin

19055 Schwerin, Am Markt 14 (Rathaus)

Telefon: 0385 - 592 52 12

Fax: 0385 - 555 094

E-mail: info@schwerin.info

Buslinie 100. Linienbus mit Fahrradtransport rund um den Schweriner (Innen)See. Informationen zu Sehenswürdigkeiten und geführten speziellen Wanderungen an einzelnen Haltepunkten, s. S. 201.

Dat oll' Hus. Familienmuseum.
Telefon: 0385 - 61 22 79, 19061 Schwerin, Dorfstr. 8

AWO-Feriendorf Mueß

Hotel & Gasthaus „Zum Reppin" Mueß GmbH
19063 Schwerin-Mueß
Telefon: 0385 - 208 280
Fax: 0385 - 201 51 68

Restaurant-Cafe Ulrike
(nahe Feldstadt)
19053 Schwerin
Wittenburger Straße 42
Telefon: 0385 - 73 20 38
www.cafe-ulrike.de

Das Fritz
Hotel und Restaurant
19061 Schwerin
Dorfstraße 3 B
Telefon: 0385 - 646 370
Fax: 0385 - 646 3799

Gaststätte „Zur Goldenen Gans"
Inh. Dieter Schliewenz
19063 Schwerin
Consrader Weg 6
Telefon: 0385 - 207 30 80

Gaststätte „Tau Helga"
Inh. Carola Schmaler
19063 Schwerin
Alte Crivitzer Landstr. 18
Telefon: 0385 - 200 20 70

Kartoffelhaus N°1®
Gastronomie- und Betriebs GmbH
Inh./Geschäftsführer: Thomas Jiskra
Buschstraße 14, 19055 Schwerin
Telefon: +49 (0)385 - 557 10 71
Fax: +49 (0)385 - 58 13 635
www.kartoffelhaus-schwerin.de

Kartoffelhaus N°1®, mit großem Biergarten, 100 Plätze

Restaurant Hermes
19057 Schwerin (Friedrichsthal)
Lärchenallee 3
Telefon: 0385 - 486 70 90
Fax: 0385 - 487 77 77

Auf dem Weg zu oder von den Sagenorten am Westufer des Schweriner Sees kann man Halt machen im heutigen Schweriner Stadtteil Friedrichsthal und das ehemalige Jagdschloss des mecklenburgischen Großherzogs Friedrich Franz I. besichtigen. Das Gebäude sowie die ehemals zur Schlossanlage gehörenden Kavaliershäuser stehen unter Denkmalsschutz. Der Großherzog nutzte das Schloss nur wenig und stellte es Vereinen und Bürgern zur Verfügung. Es liegt am Neumühler See an einem für Wanderungen sehr gut geeigneten Landschaftspark. Im Schloss befindet sich jetzt das Restaurant Hermes, mit Gartenlokal.

Der Grieche – Spezialitäten & Grillrestaurant

19063 Schwerin (Mueß)
Alte Crivitzer Landstraße 15
Telefon: 0385 - 2000 333
www.dergrieche-schwerin.de

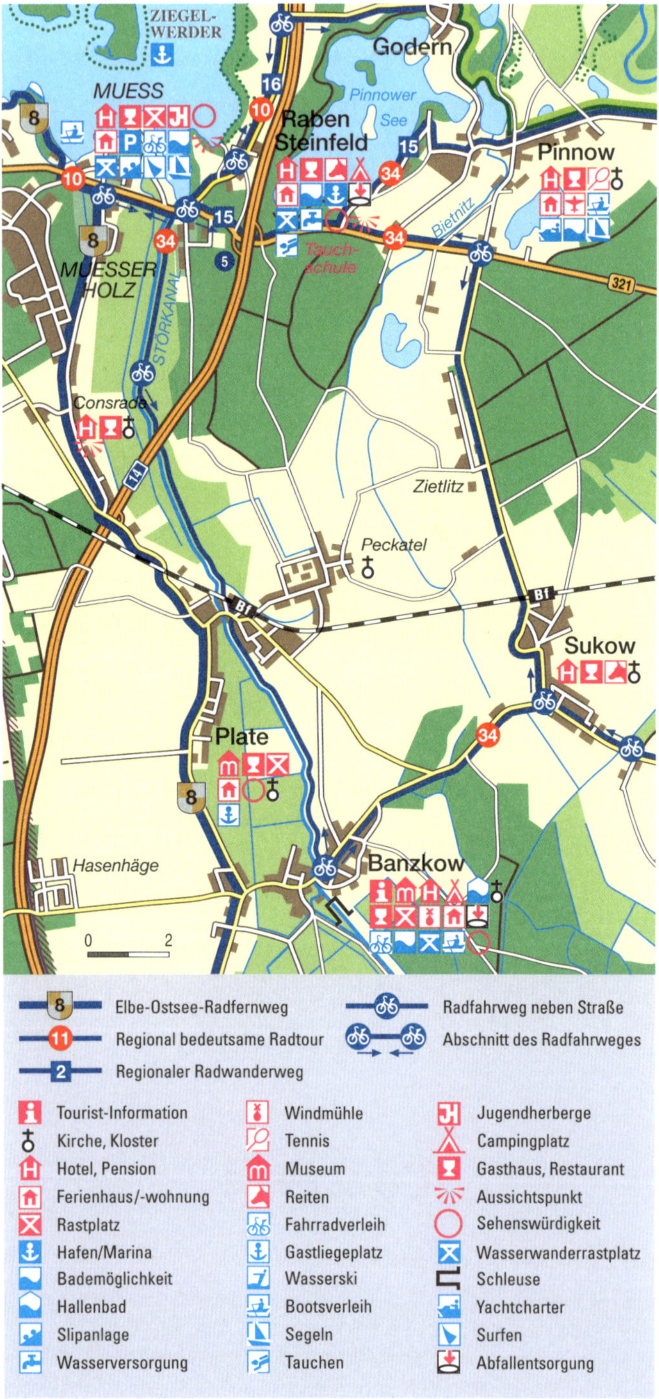
ZIEGEL-
WERDER
MUESS
Godern
Pinnower
See
Raben
Steinfeld
Pinnow
Bietnitz
Tauch-
schule
321
MUESSER
HOLZ
STÖRKANAL
Consrade
Zietlitz
Peckatel
Bf
Sukow
Plate
Hasenhäge
Banzkow
0
2
Elbe-Ostsee-Radfernweg
Radfahrweg neben Straße
Regional bedeutsame Radtour
Abschnitt des Radfahrweges
Regionaler Radwanderweg
Tourist-Information
Windmühle
Jugendherberge
Kirche, Kloster
Tennis
Campingplatz
Hotel, Pension
Museum
Gasthaus, Restaurant
Ferienhaus/-wohnung
Reiten
Aussichtspunkt
Rastplatz
Fahrradverleih
Sehenswürdigkeit
Hafen/Marina
Gastliegeplatz
Wasserwanderrastplatz
Bademöglichkeit
Wasserski
Schleuse
Hallenbad
Bootsverleih
Yachtcharter
Slipanlage
Segeln
Surfen
Wasserversorgung
Tauchen
Abfallentsorgung

II. In der Lewitz

Die Lewitz, südlich des Schweriner Sees, ist mit 12 000 Hektar eines der größten Landschaftsschutzgebiete Mecklenburgs. Sie hat viele Gesichter: Wiesen- und Weideflächen, Alleen, Wälder, Fischteiche, Wasserkanäle. Dort leben unter vielen anderen Arten: Fischotter, Seeadler und Eisvögel, Kormorane und Graureiher, seltene Pflanzen wie Kuhschelle, Sandheide und Lungenenzian. Eine lange Tradition hat die Jagd, wovon u. a. das Jagdschloss Friedrichsmoor (1791) auf seiner riesigen Bildtapete kündet. Durchzogen wird die Lewitz von der Stör und dem Störkanal, die den Schweriner See und die Elde verbinden und so den Wasserweg in die Elbe und Nordsee sowie nach Süden bis Berlin ermöglichen.

Die Lewitz ist ungewöhnlich sagenreich. In den hier aufgeführten acht nahe beieinander liegenden Dörfern gibt es zusammen an die 50 Sagen, darunter eine Freischütz-Sage und eine mit dem Motiv vom Ritter Blaubart. Die neun Hügelgräber, darunter einige aus der älteren Bronzezeit, sind des öfteren der Handlungsort.

Gutshaus Consrade

Consrade

Man erreicht den Ort günstig von Schwerin Mueß oder Plate aus.

Das Bauerndorf befindet sich im Tal der Stör zwischen den hoch gelegenen Wäldern Klein Buchholz und Forst Raben Steinfeld. Diese Lage und ein (allerdings zerstörtes) Hügelgrab aus vorgeschichtlicher Zeit schufen ein besonderes Klima für eine Reihe von Sagen.

Bauernhaus in Consrade

Frau Waur straft einen Bauern *Ein Bauer in Consrade hatte vergessen, abends das große Tor zuzumachen. Nachts kam Frau Waur mit ihren Hunden ins Haus geritten. Einen ließ sie als Strafe zurück. Der Bauer schlug den Köter mit der Peitsche. Der Hund jaulte aber bloß und blieb. Da wollte ihn der Bauer mit der Axt töten. Beim zweiten Schlag löste sie sich vom Stiel und fuhr dem Bauern ins Bein. Davon starb er kurze Zeit später .*

Der Wod braust zur Stör *Vor Zeiten ging eine Schneise von Buchholz bei Consrade den Berg hinunter zur Stör zu. Hier zog in den Zwölften der Wod mit seiner Wilden Jagd, den großen Hetzhunden, den kleinen Kleffkötern und dem Haufen Jäger. Der Schlagbaum an der Stör tat sich von selber auf. Die Meute jagte durch das Wasser zum anderen Ufer, dass die Spritzer der Stör bis in den Himmel flogen.*

Consrader Weg zur Stör

Frau Waur setzt über die Stör. *Auch Frau Waur setzte über die Stör und tobte am anderen Ufer den Profossdamm entlang ins Holz.*

Der Leibhaftige am Holunderbusch *Am Holunderbusch sah ein Knecht den Leibhaftigen. Ein anderer, der nichts über den Busch wusste, legte sich in der Mittagszeit darunter und wachte nicht mehr auf. Seitdem blieb ein großes Stück Land um den Busch ungenutzt.*
Zwischen dem Weg von Consrade nach Plate und der Stör hinter der Autobahnbrücke. Der Busch wurde beim Autobahnbau weggenommen.

Der schwarze Aufhocker *Wo die nach Schwerin führende Landstraße von dem Fahrweg bei Consrade geschnitten wird, begegnete einem Handwerker eine fürchterliche Gestalt, schwarz gekleidet, groß und hager, mit einer Glatze, langen, weißen Zähnen und dünnen Fingern. Plötzlich saß das Ding auf seinem Rücken. Erst nach vierhundert Schritten sprang sie herunter und stieß ihn, dass er stolperte. Hätte er sich umgesehen, wäre ihm der Kopf schief stehen geblieben.*
Der Consrader Weg befindet sich an der Straße Plate - Schwerin-Zippendorf (am Fernsehturm) im Wald rechter Hand.

Weiterer Tipp

Fachwerkkirche 16./17.Jh.
Im freistehenden Glockenstuhl hängt eine Glocke von 1543

Für das leibliche Wohl

Zum Fäßchen
Pension–Gasthof
19086 Consrade
Consrader Straße 25
Telefon: 0385 - 2180624

Störbrücke in Plate

Plate

Das Dorf (1191 Ersterwähnung) befindet sich im Landschaftsschutzgebiet Lewitz, direkt an der Stör. Über den kanalisierten Fluss führt eine Hubbrücke, die im Gemeindewappen verewigt ist.

Im Jahre1567 wurde die erste Brücke mit zugehöriger Zollstelle über die Stör gebaut. Wasserstraße und Brücke hatten für den Ort eine besondere Bedeutung. Auf der Stör wurden u. a. Holz und Torf aus der Lewitz zum Schweriner Schloss transportiert. Eine alte päpstliche Anordnung legte fest, dass die Einkünfte aus dem Schifffahrtszoll in Plate zur Beschaffung von Lichtern für den Schweriner Dom zu verwenden wären.

Das Dorf ist mit einer großen Zahl von Sagen verbunden. Das deutet u. a. auf eine lange Geschichte hin. Es war bereits von den Slawen besiedelt (ab dem 7. Jh.) und erhielt von ihnen den Namen. Plate ist das slawische Wort für Zaun. Und hier fand man im Radelsberg eines der geheimnisvollen Hügelgräber aus der Bronzezeit vor ca. drei bis viertausend Jahren, mit Goldschmuck als Grabbeigabe.

Sagen aus Plate

Der Karkberg (Kirchenberg) liegt an der Straße von Plate nach Schwerin, ca. 150 m vor der Autobahnbrücke: links die Erhebung mit Hochspannungsmast. Er wurde beim Kiesabbau weitgehend abgetragen und dabei fand man menschliche Skelette.

Plate - Kargberg

Die Glocken im Karkberg *Beim Karkberg geschehen unheimliche Dinge. Hier treffen sich die Hexen in der Walpurgisnacht. Am Ostermorgen öffnet sich der Berg. Man kann hineingehen, muss ihn aber rechtzeitig wieder verlassen, sonst bleibt man ein Jahr lang eingesperrt. Eine Kirche, innen und außen vollkommen vergoldet, versank hier vor langer Zeit. Daher hat der Hügel seinen Namen. Manchmal kann man die Glocken hören. Man muss das Ohr auf den Boden legen und nach ihnen rufen.*

Der Leichenzug am Karkberg *Ein Bauer aus Plate begegnete eines Nachts am Karkberg einem unheimlichen Zug. Voran schritt ein Mann mit einem weißen Gewand und einem großen Kreuz. Die anderen trugen seltsame alte Kleider. Am Berg verschwanden sie, und es war nur noch das Läuten von Glocken zu hören.*

Unterirdische im Karkberg *Eine alte Frau musste einst nach Schwerin, um Branntwein zu holen. Da sah sie den Karkberg offen und viele Unterirdische darin Brot backen.*

Der dreibeinige Hase auf dem Karkberg *Eines Tages wollten die Plater am Karkberg das Pfingstfest feiern. Da sahen sie einen dreibeinigen Hasen. Er ließ sich nicht vertreiben. Nun wussten sie, dass er ein Hexenhase sein musste. Sie ließen das Feiern sein und gingen nach Hause.*

Hund und Katze auf dem Burghügel *Im Pfarrgarten soll eine slawische Burg gestanden haben. Des Nachts, fünf Minuten vor zwölf, kriecht an dieser Stelle eine schneeweiße Katze aus der Erde. Dann taucht aus der Stör ein großer schwarzer Hund auf und verfolgt die Katze. Um Eins ist der Spuk verschwunden. Der Hund ist ein Ritter, der das Burgfräulein liebte. Als die Dänen die Burg eroberten und zerstörten, wurde das Fräulein unter den Trümmern begraben. Der Ritter aber stürzte sich in die Stör.*

Das Pfarrhaus steht von der Kirche aus ca. 50 m weiter in Richtung Störbrücke direkt auf dem früheren Burghügel. Geht man die Störstraße ca. 150 m weiter und biegt vor der Brücke rechts ab, hat man nach weiteren 50 m rechts einen Blick auf den Burghügel von unten.

Plate - Pfarrhaus

Schwarze Hühner auf der Beerdigung *In Plate gab es eine unheimliche Frau. Als sie gestorben war und die Jungen zu ihrem Begräbnis sangen, kamen lauter schwarze Hühner und fingen an zu kakeln.*

Nächtliches Treiben in der Kirche *In der alten Kirche (auf dem jetzigen Friedhof) spukte es nachts um zwölf. Licht schien, Geräusche hörte man, aber niemand war zu sehen. Die Bauern wollten dem Spuk ein Ende machen und begaben sich gemeinsam in die Kirche. Nur ein Klingen und Singen war darin zu vernehmen. Ihnen wurde unheimlich und sie eilten davon. Als die neue Kirche gebaut wurde, war der Spuk vorbei.*

Der Hase im Brunnen *Auf einem Bauernhof saß ein dreibeiniger Hase im Brunnen. Zu Neujahr schossen die Bauern darüber hinweg, damit er ihnen nicht das Wasser verdarb.*

Ein Mann verwandelt sich in einen Hasen *Ein Mann konnte sich in einen Hasen verwandeln. Er hoppelte den Frauen auf dem Feld hinterher und belauschte sie.*

Der Hase hinterm Schweinetrog *Auf Krischan Ihdes Bauernstelle saß hinterm Schweineschlag immer ein Hase. Dem verdankte man so manches Unglück im Dorf. Heiligabend wachten alle auf dem Hof. Um Mitternacht kam jedes Jahr ein nackter Reiter auf den Hof. Er ritt an die Tränke, soff wie ein Pferd und verschwand.*

Hufe 2, heute Banzkower Str. 16

Frau Waur nimmt Quartier *Einmal vergaß eine Bauersfrau, nach Anbruch der Dunkelheit die Haustür zu schließen. Da war auch schon Frau Waur mit ihren Hunden im Haus. Morgens, noch bevor die Sonne aufging, zog sie ab. Als die Sonne unterging, fing das Getobe im Dorf wieder an.*

Der Freischütz *Ein Mann aus Plate wollte gern Freischütz werden. Beim Abendmahl in der Kirche behielt er die Hostie im Mund, heftete sie später an einen Eichbaum und schoss darauf. Blut quoll heraus. Fortan traf er alles, was er wollte. Als der Freischütz alt war, konnte er nicht sterben. Ihm graute vor dem Teufel. Da schoss er mit seiner Flinte in die Decke und wünschte sich, der Schuss möge ihm gelten. So endete der Freischütz von Plate*

Spuk im Schulzenhaus *Der Schulze Pommerenke war sehr geizig. Auf dem Sterbebett ließ er noch einmal seine Kiste mit den Geldstücken kommen. Am Abend nach der Beerdigung spukte es im Haus. Die Türen klappten, Schränke öffneten und schlossen sich, Pferdegetrappel und Schimpfworte waren zu hören. Erst als kein Geld mehr in der Kiste war, endete der Spuk.*

Nach einer Familienchronik stellten die Bewohner der Hufen 6 und 9 über längere Zeit den Schulzen. Hufe 9 stand auf dem Gelände vom heutigen Edeka-Markt (die Kastanien an der Straße bildeten die Toreinfahrt). Hufe 6 ist heute Banzkower Straße 10.

Ein Blick lässt stolpern *Ein Büdner besaß das Siebte Buch Mose. Man holte gern seinen Rat. Doch sonst schlug man einen großen Bogen um die Büdnerei. Eine ältere Frau musste einmal an seinem Haus vorbei gehen. Er stand in der Tür, blickte herüber und grinste. Und tatsächlich stolperte sie plötzlich.*

Plate, Erste Büdnerei, von der Kirche aus 200 m in Richtung Schwerin

Schawernack bei Plate *Der große Brand nach dem Dreißigjährigen Krieg zerstörte Plate vollkommen. Drei Bauern bauten danach ihre Häuser nicht mehr in der räumlichen Enge des Dorfes auf, sondern mitten auf ihrem Acker. Die Plater nannten die Gegend Schawernack (Schabernack), denn als nichts anderes fassten sie den Umzug auf.*

Für diese Sage ist der Zeitraum von der Mitte bis Ende des 18. Jahrhunderts anzunehmen, als auch in anderen Dörfern die ersten Ausbauten entstanden. Von der Kirche 1,5 km in Richtung Banzkow, vor dem Ortsausgangsschild links steht das letzte der dort erbauten Häuser.

Der Adderbrauk *Zur Franzosenzeit versteckten sich die Leute mit dem Notwendigsten und dem Vieh über Wochen beim Adderbrauk (Schlangenbruch mit dichtem Gebüsch). Den Franzosen war das leere Dorf unheimlich und sie lagerten auf freiem Feld. Die Gegend wird noch heute Franzosengrund genannt.*

Zum Adderbrauk von der Kirche in Richtung Störbrücke, vor der Brücke rechts abbiegen, ca 300 m die Stör entlang zur Weidefläche auf der rechten Seite. Ein dichtes Gebüsch ist nicht mehr vorhanden.

Mit der Bibel einen Wolf verjagen *Als der Plater Prediger von einem Nachbardorf auf dem Heimweg war, stürzte ein Wolf auf ihn zu. Der Mann schaffte es gerade noch, auf einen Baum zu klettern. Da sah er unten den Wolf die Zähne fletschen. Als er aber die Bibel auf- und zuschlug, zog der Wolf den Schwanz ein und trollte sich.*

Weitere Tipps

Neugotische Kirche (1848/49). Orgel aus der Werkstatt des Schweriner Orgelbauers Friedrich Friese (1873). Freistehender Glockenstuhl.

Fahrradverleih und Reparatur

„Lewitz-Radler" Telefon: 03861 - 501432

Banzkowerstraße 61, 19086 Plate

Naturerlebnisfahrt Mit einem Lewitz-Boot.

Vermittelt durch Tourist-Information (siehe Banzkow)

Radwanderweg Verläuft am Störkanal von Schwerin nach Banzkow.

Treidelpfad Gleiche Strecke.

An der Stör bei Plate

Für das leibliche Wohl

Störkrug

19086 Plate, Störstraße 12

Telefon: 03861 - 300852

Fax: 03861 - 300853

E-mail: stoerkrug@t-online.de

Brücke über die Stör in Banzkow

Banzkow

Das Dorf (1300 erstmals erwähnt) liegt an der Stör ca. 15 km südlich von Schwerin. Es ist vom Landschafts- und Vogelschutzgebiet Lewitz umgeben. Viele Jahrhunderte war es ein so genanntes Sackplatzdorf, ein ovaler Platz mit Höfen ringsum und nur von einer Seite zugänglich. 1337 wurde eine Wassermühle errichtet, sie existiert heute aber nicht mehr. 1534 baute man eine Brücke über die Stör und eine Schleuse, weil hier damals eine wichtige Handelsstraße nach Hamburg führte.

Interessant sind die Banzkower Oertseingänge: Ein geöffnetes Dorftor, ein stilisierter Elektrozaun mit Türgriff, ein Türband sowie das Modell eines Chipkartenlesers.

2007 war Banzkow Sieger im Landes- und auch Bundeswettbewerb „Unser Dorf hat Zukunft". Mehr als 100 Firmen und Einrichtungen sind hier angesiedelt. Es hat eine Vielzahl gepflegter Bauernhäuser, darunter ein niederdeutsches Hallenhaus (1703) mit Schaugiebel und Krüppelwalmdach, ein Dorfmuseum, ein Blasorchester und die Lewitz-Mühle (1874), die jetzt ein beliebtes Restaurant mit Hotel ist. Jedes Jahr wird in der Stör zu Neujahr angebadet, im Sommer zur Badewannenregatta aufgerufen, im Nettelrad das Holzfest gefeiert und gleichzeitig der beliebte Wettstreit der Traktoren „Trecker-Treck" durchgeführt. Der Naturlehrpfad „Schwarzer Damm" bei Jamel führt in die Lewitz und zu ca. 60 verschiedenen Baumarten. Per Rad, mit der Kutsche, zu Fuß oder mit dem Schiff kann man die abwechslungsreiche Landschaft der Lewitz erkunden. Gästeführer bieten individuelle Touren an.

Am Nettelrad (Waldgebiet im Kreuzungsbereich Plate-Banzkow-Sukow)

Die Lindwürmer auf dem Regenbogen *Nahe dem Nettelrad stand einst eine alte Eiche, der Adebarsbaum. Oben nisteten Störche, unten hauste ein Lindwurm. Auf der anderen Seite der Stör stand auch so ein Baum mit einem Lindwurm. Wenn dem einen etwas Böses passierte, sprang ihm der andere wie auf einem Regenbogen zur Hilfe. Dabei brach er alles um und zerriss Menschen und Vieh. Eines Tages taten sich die Bauern zusammen und töteten die Lindwürmer gleichzeitig auf grausame Weise.*

Der Spuk im Nettelrad *Im Nettelrad lief ein Mann ohne Kopf herum. Er machte auch die Leute, die nachts Streu und Holz aus dem Wald holten, ganz kopflos. Den Kartenspielern sprang der Spuk auf den Rücken und ließ sich tragen.*

Die Weltschlacht in der Lewitz *In Friedrichsmoor lebte um 1930 ein Zimmermann, der habe von seinen Vorfahren gehört: Wenn der Fliederbaum an der Friedhofspforte in Banzkow bis an die Kirche herangewachsen ist, dann wird es in der Lewitz Krieg geben, eine große Weltschlacht. So viel Blut wird fließen, dass es den Leuten in die Stiefel schwappt. Und die Russenpferde kommen und fressen den Hafer ab.*

Wenige Jahre nach der Weissagung begann der Zweite Weltkrieg. Er endete in unserer Region tatsächlich an der Stör. Auf der Ostseite blieb die Rote Armee stehen, auf der Westseite standen die angloamerikanischen Truppen. Die Stör bildete für einige Wochen die Grenzlinie zwischen beiden Seiten.

Der Mühlengraben

Die Wassermuhme *Im Mühlengraben lebt eine Wassermuhme. Sie lockt die Kinder ans Wasser und lässt sie ertrinken. Wenn sie lange kein Opfer gefunden hat, hört man an warmen Sommerabenden ihre lockenden Rufe.*

Eine Hexe als Werwolf *Eine Frau gab ihrem Mann immer Hammelfleisch in die Kiepe. Sie war eine Hexe und stahl die Hammel. Vor Gericht bezichtigte sie den Mann der Hexerei. Als er aber bestraft werden sollte, gab sie sich zu erkennen.*

Der Wilde Jäger verfolgt eine Hirschkuh *Der Wilde Jäger war mit seinen Hunden hinter einer Hirschkuh her. Die sprang in ihrer Not in ein Bauernhaus. Der Bauer sollte dem Jäger mit einer List helfen, damit der sie in seine Hand bekam.*

Hunde im Trog *In den Zwölften soll man nicht backen. Wenn die Leute doch mal gebacken hatten, war der ganze Trog voll mit den Hunden der Frau Waur.*

Die Zwölften sind die zwölf heiligen Nächte zwischen Weihnachten und Dreikönigstag (6. Januar).

Der listige Bauer *In Banzkow war ein Bauer beim Säen. Da stand vor ihm ein Zwerg und sagte, von dem, was er hier säe, bekäme er nichts zu essen. Der Bauer aber überlistete den Zwerg.*

Niederdeutsches Hallenhaus

Als Kindermädchen bei den Unterirdischen *Ein Bauer sah nachts auf der Scheide der Feldmark im Mondschein seine Frau sitzen, mit einem Kind von den Unterirdischen im Schoß. Sie sagte, sie wäre von ihnen als Kindermädchen angestellt worden und könne nicht mehr nach Hause. Aber er nahm sie mit Gewalt mit. Ein paar Tage später starb die Frau.*

Weitere Tipps

Tourist-Information Banzkow

Straße des Friedens 5, 19079 Banzkow,

Telefon: 038 61 - 30 29 772, Fax: 038 61 - 30 11 19

Internet: www.lewitz-landschaft.de

E-Mail: info@lewitz-landschaft.de

Öffnungszeiten: Mai bis September

Mo – Frei: 10 – 16:30 Uhr, Sa 10 – 14 Uhr

Information und Gästebetreuung. Vermittlung von Unterkünften, Gästeführern, Nachtwächterführungen, Rundfahrten, Atelierbesuchen bei Künstlern, Entdeckungstouren für Kinder, Anleitung zur Landschaftsmalerei.

Kanukamp Banzkow

Am Mühlengraben 7, 19079 Banzkow

Telefon: 038 61 - 7405

Störtalmuseum. Zur Entwicklung des ländlichen Lebens. Öffnungszeit: So 14 – 17 Uhr und nach Vereinbarung. Im Trend Hotel.

Backofen. Im Dorfgemeinschaftsbackhaus. Straße des Friedens 12 (Störtal). Hier kann man selber Brot und Kuchen backen. Ab Frühjahr 2008. Anfragen Tel.: 03861 - 300818

Banzkower Sole Bad und Finnische Blockhaussauna (neben der Lewitz-Mühle)

Für das leibliche Wohl

travado Hotels und Resorts GmbH – Freizeit Resort, Lewitz Mühle

19079 Banzkow, An der Lewitz Mühle 40

Telefon: 03861 - 505-0

Fax: 03861 - 505444

Trend Hotel Banzkow

19079 Banzkow

Plater Str. 1

Telefon: 03861 - 7500-0

Internet: www.trendhotel.de

Restaurant Lewitz-Bistro

19079 Banzkow

An der Lewitzmühle 3

Telefon: 038 61 - 7362

Feierwehr Cafe

19079 Banzkow

Störstr. 5

Telefon: 03861 - 7868

(geöffnet nach Vereinbarung)

Goldenstädt

Goldenstädt, 21 Kilometer südlich von Schwerin und 17 Kilometer nördlich von Ludwigslust, liegt am südwestlichen Rand der Lewitz und grenzt im Nordosten an den Störkanal. Das zumeist flache Gelände besitzt Anhöhen bis etwas über 45 m. Zu Beginn der deutschen Besiedlung des zuvor slawischen Lewitzgebietes im 11. Jahrhundert entstand in Goldenstädt eine mittelalterliche Wehrkirche. Urkundlich wurde der Ort erstmals im Jahr 1285 als „Goldenstede" erwähnt. Nach dem 30-jährigen Krieg war er ausgeplündert und fast menschenleer. 1733 fand während der Reichsexekution beim Ortsteil Jamel ein Schlacht zwischen Herzog Karl Leopold und den Truppen des deutschen Kaisers statt. 1741 vernichtete eine Feuersbrunst viele Gebäude.

2009 wurde Goldenstädt nach Banzkow eingemeindet. Der Ort ist durch die Zucht von argentinischen Aberdeen Angus bekannt. Sportlich bietet die örtliche Stoppelcrossbahn zweimal jährlich Rennen Fans des Motorsports an.

Die jetzige Kirche im Dorfzentrum, vermutlich im 13. Jahrhundert erbaut und erstmalig im 14. Jahrhundert urkundlich erwähnt, war lange Zeit die Größte der Region und ist das älteste Gotteshaus in der Umgebung. Sie hat einen freitragenden hölzernen Glockenstuhl.

Die Weiße Frau vom Röpaulsbarg *Einige Leute wollten gesehen haben, dass am Röpaulsbarg von Mirow, nach Goldenstädt zu, um zwölf eine weiß aufgetakelte Frau an ihrem Spinnrad saß. Sie soll allerhand Unfug getrieben haben. Mit dem Ende der Spukstunde ver-*

schwand sie. In dieser Zeit wagte keiner an dem Berg vorbeizugehen. Eines Nachts jagte ein junger Mann auf seinem Fahrrad den Weg entlang. Den Röpaulsberg wollte er noch vor zwölf passiert haben. Am Dornbusch dicht am Berg aber stürzte er kopfüber vom Rad. Dann sah er die Weiße Frau auf dem Weg entlang hüpfen, bis sie unter dem Busch verschwand. „Dor führ ik nu nich mier an vörbie, wer weit, watt mi noch all passieren kann! (Da fahre ich jetzt nicht mehr dran vorbei, wer weiß, was mir noch alles passieren kann!)," dachte er, rappelte sich wieder hoch, kehrte um und schlug einen weiten Bogen um den verfluchten Berg.

Aber die Neugier war zu groß. Am nächsten Morgen fuhr er, vorsichtshalber mit seinem besten Freund, zum Röpaulsberg. Schon von weitem sah er die Bescherung. Mitten auf dem Weg lag ein dicker Ast, der hatte ihn vom Rad stürzen lassen. Und die „weiße Frau" im Dornbusch war ein großes Stück Zeitungspapier.

Röpaulsberg

Die Hunde der Frau Waur *Frau Waur treckte mit ihren Hunden in Goldenstädt. Wenn die Leute Teig zum Einsäuern vorbereiteten, fraßen die Hunde ihn heimlich auf. Frau Waur wollte die Leute entschädigen und sagte, dass sie am anderen Morgen das, was vor der Tür läge, mitnehmen sollten. Am nächsten Tag lag da ein großer Haufen Pferdemist. Die Leute nahmen ihn trotzdem und aus jedem Mistködel wurde ein Sack Roggen.*

Kirche in Goldenstädt

Wie Goldenstädt zu seinem Namen kam *Vor langer Zeit, als Goldenstädt noch von den Wenden bewohnt war und auch einen anderen Namen hatte, lag es an einer ganz andern Stelle, tiefer in der Lewitz soll es gewesen sein. Den Menschen gefiel es jedoch nicht in ihrem Dorf, es war zu feucht und ungemütlich, und sie beschlossen, es in die Nähe des Goldberges zu verlegen. Der wurde so bezeichnet, weil in ihm Gold und Silber versteckt waren. Ihr neues Dorf benannten sie nun nach dem Berg, der direkt am Dorf lag .- Goldenstädt.*

Der Goldberg befand sich am Gewerbegebiet, dort, wo heute die Autobahn an Goldenstädt vorbei führt.

Die verschwundenen Glocken *Im 30-jährigen Krieg hatte Goldenstädt unter den Plünderungen durchziehender Heere stark zu leiden. Bald gab es hier nichts mehr zu holen, nur die beiden Glocken hingen noch in ihrem Gestühl. Damit diese nicht auch noch geraubt wurden, vergruben die Bauern sie. Doch als man nach vielen Jahren auf dem Kösteracker, wo sie versteckt sein sollten, nachforschte, war nichts mehr zu finden. Die Glocken blieben verschwunden.*

Der Totenwinkel *Während der napoleonischen Kriege plünderten die Franzosen auch in den Dörfern am Rand der Lewitz. Vorsorglich versteckten die Bauern ihre Pferde in den sumpfigen Wäldern und machten untereinander ab, sich gegenseitig zu warnen und einander zur Hilfe zu kommen und dafür die Glocken zu läuten, wenn die Franzosen auftauchten. Eines Tages erschien ein Dutzend Franzosen in Goldenstädt. Sie durchsuchten die Häuser und nahmen, was ihnen* *gefiel. Im raffgierigen Eifer merkten sie nicht, dass schon eine ganze Weile die Glocken läuteten. Bald stand ein ansehnlicher Bauernhaufen auf der Dorfstraße. Da verging den Franzosen das Plündern und sie wollten fliehen. Doch da setzte es schon Hiebe. Auf der Flucht gerieten die Franzosen mitten in die Lewitzsümpfe. In der Mordhorst wurden sie alle erschlagen und im nahen Moor versenkt. Die Stelle heißt heute noch Totenwinkel.*

Der Geist im Eichholz *Einmal war ein betrunkener Mann am späten Abend von Schwerin kommend mit dem Fahrrad auf dem Heimweg. Zwischen Goldenstädt und Mirow, am so genannten Eichholz, fiel er hin und kam nicht mehr hoch. In seiner Trunkenheit rief er um Hilfe. Tatsächlich kam da grade ein anderer Mann vorbei. Der hörte das lallende Rufen „Laat mi up! (Lass mich hoch!)", sah aber den Radfahrer nicht und machte, dass er weiter kam. Von dieser Zeit an erzählen die Leute, dass es im Eichholz spuken soll.*

Weitere Tipps

Naturlabyrinth/ Aussichtsturm Goldenstädt

Der 10 m hohe Aussichtsturm bietet einen weiter Blick in die Lewitz, auf die angrenzende Stoppelcross-Rennbahn und das Naturlabyrinth mit Wildobstbäumen, Sträuchern, Kräutern, Zwiebelpflanzen und Blumenbeeten. Ein speziell ausgesätes „Blaues Band" steht symbolisch für die Störwasserstraße. Insektenhotel..

Rustikale Versorgung für kleine und große Gruppen vor Ort auf Anfrage. Information über Tourist-Information Banzkow, Tel: 03861-3029772

Naturrastplatz Fischtreppe Goldenstädt

Nahe der Kreuzung vom „Neuen Kanal" und der Landstraße zwischen Goldenstädt und Friedrichsmoor sowie direkt am Lewitz-Radrundweg. Informationstafeln über den Moorstützpunkt. Möglichkeit zum Angeln. Ca. 50 Meter entfernt ein Wehr sowie eine Fischtreppe. Rasthütte. Aussichtspunkt.

Trammer Gös vor der Kirche

Tramm

Tramm liegt direkt an der Wald- und Wiesenlewitz. Das Naturschutzgebiet „Fischteiche Lewitz“ und der Störkanal befinden sich in unmittelbarer Nähe.

Das Dorf wurde erstmals im Jahre 1565 erwähnt. Der Name soll vom slawischen „traba“ = Trompete, Ort der Verkündigungen, abstammen. Es soll ein bedeutender Versammlungsort der hier ansässigen Slawen gewesen sein.

Sehenswert sind die gut erhaltenen alten Bauernhäuser und die frühgotische Backsteinkirche aus dem 15. Jahrhundert.

Die höchste Erhebung ist der Markersberg mit 60 m über NN.

Seit dem Sommer 2011 gehören zur Gemeinde Tramm auch die Ortsteile Bahlenhüschen, Göhren und Settin.

Glocke läutet für alle *Zu Johanni wusch einst eine alte Frau aus Tramm ihre Wäsche an einem Wasserloch. Ein großer Stein in der Nähe war der einzige Trockenplatz, den sie auch nutzte. Als sie die trockene Wäsche vom Stein nahm, staunte sie sehr: Eine große Glocke kam darunter zum Vorschein. Allen im Dorf erzählte sie davon und auch im Umland machte die Nachricht die Runde. Edle Herren, die meinten, die Glocke gehöre ihnen, kamen mit Pferdegespannen um sie sich zu holen. Zuletzt sollen 48 Pferde vor Ort gewesen sein, aber die Glocke bewegte sich nicht. Ein alter Bauer probierte es mit seinen beiden Ochsen - und sie löste sich aus der Erde. In der Kirche läutete sie dann für alle Dorf-*

bewohner und immer mit Gott. Die gierigen Herren sollen alsbald verstorben sein.

Eheweib als Hexe *Das hätte der Schmied von Tramm nicht zu träumen gewagt, als man ihm das zutrug: Sein Eheweib sei eine Hexe. Er wollte das überprüfen und beschloss, in der Maitagsnacht (vom 30. April zum 1. Mai) mit seiner Frau in der Schmiede durchzuarbeiten. Dann könne sie ja in der Walpurgisnacht nicht zum Hexenplatz fliegen. So zog sie nun den Blasebalg, aber gegen Mitternacht wurde das Feuer schwächer. Auch sein Zuruf „stärker ziehen!" half nicht, der Luftstrom wurde immer geringer. Da gab er ihr eine Ohrfeige und sie fiel um. Vor ihm lag nun ein Bund Stroh, das in Gestalt seiner Ehefrau bis Mitternacht am Blasebalg gestanden hatte.*

Der große Stein bei Tramm *In der Feldmark bei Tramm liegt ein recht großer Stein mit einer Rinne, wie von einem Strick eingeschnitten. Bei Bahlenhüschen wohnten einst Riesen auf einem Berg, die hatten den Stein an einem Strick befestigt und wollten ihn gegen die Kirche in Kladrum werfen. Das gelang aber nicht, er fiel schon auf der Trammer Flur herunter.*

Einem Förster aus Bahlenhüschen gefiel irgendwann dieser Stein und er ließ ihn zu seinem Haus bringen. Von da an fand er jedoch Tag und Nacht keine Ruhe mehr. Erst als er den Stein zurückbringen ließ, war alles wie vorher.

Leichenzug *Junge Leute gingen schon immer gern zum Tanz ins Nachbardorf; wie einst einige Burschen aus Tramm, die sogar mit dem Fuhrwerk nach Ruthenbeck kamen. Gegen Mitternacht ging es wieder gemeinsam zurück – nur einer wollte zu Fuß gehen und dabei sogar einen Umweg über Göhren machen. Darüber lachten die anderen nur. Aber der Fußgängerkam zuerst im Dorf an und er erwartete die anderen schelmisch lächelnd: „Wo kommt ihr denn jetzt erst her?" Bleich und sehr wortkarg berichteten die anderen ihr unheimliches Erlebnis:*

Der Wagen habe auf dem glatten Sandweg zu rumpeln begonnen und alle wurden arg umher geworfen, sogar ein Rad brach und nur mühsam kamen sie voran. Der Fußgänger erklärte lächelnd, das habe er gewusst. „Zu Mitternacht zieht immer der Leichenzug von Göhren nach Zapel und über den seid ihr hinweg gefahren. Mitternacht fährt man nicht über den Kreuzweg)."

Es handelt sich hier um den alten Stadtweg nach Crivitz.

Fest gebannt *Ein Trammer Bauer wollte einst zum Markt nach Crivitz fahren und er hielt am Kreuzweg an, um einen mitzunehmen, der auch dahin wollte. Dieser brüstete sich nun wortstark mit seinen Taten und was er alles drauf habe. Der Bauer blieb gelassen und nahm alles wortlos hin. „Wenn ich es will, banne ich deine Pferde fest", sprach nun der Fremde. „Dann will es man", meinte der Bauer. Es gab einen Ruck und die Pferde standen. Der Bauer staunte nicht schlecht und kein Zuspruch bewegte sie weiter. Er besah sein Fuhrwerk von allen Seiten, konnte aber nichts finden. Sein Mitfahrer grinste hämisch herab. Listig bat nun der Bauer um dessen Jacke, die ihm auch gereicht wurde. Da nahm er einen Knüppel und schlug wie wild auf die Jacke ein. Der Kerl auf dem Wagen schrie laut auf, denn alle Schläge trafen ihn. Als er vom Wagen gefallen war, konnte der Bauer seine Fahrt nach Crivitz unbehelligt fortsetzen.*

Hund respektiert den Mariensteig *Die zweite Frau eines Trammer Bauern stammte aus Ruthenbeck. Eines Abends ging sie auf einem Feldweg in Richtung Heimat, um nach ihrer Familie zu sehen. Da kam urplötzlich Frau Waur auf sie zu und sprach: „Frau, Sie müssen auf den Mariensteig (so genannter grüner Mittelstreifen auf Wegen) gehen, weil gleich ein großer Hund kommt und Ihnen sonst etwas tut." Sie befolgte diesen Rat und der angekündigte Hund ging friedlich an ihr vorbei.*

Weiterer Tipp

Zwei Hünengräber östlich von Tramm. Sie sollen in der älteren Bronzezeit etwa 1300 v.u.Z. errichtet worden sein.

Hünengrab bei Tramm

Göhren

Anno 1456, am 03. Februar, verpfänden die Brüder Henning und Wiepert zu Stralendorff, Knappen zu Crivitz, für 23 M lüb. (Lübische Mark) Höfe und Hufen des deutschen Dorfes.

Der slawische Wortursprung von Göhren ist Gorni = Berge, von Tramm aus hinter den Rieh-Bergen; der Ursprung der Dorfanlage ist eine typische Rundlage.

Göhren gehörte einst zum Kirchspiel Crivitz, heute zu Zapel, und hatte keine eigene Kirche.1951 beschlossen die Göhrener einen eigenen Friedhof mit Kapelle anzulegen. In der Kapelle wurde anlässlich der Weihe eine Gedenktafel für die Gefallenen des 2. Weltkrieges angebracht. In der heutigen Ortsmitte erinnert ein unter Denkmalsschutz stehender Gedenkstein auch an die Toten des 1.Weltkrieges.

2011 fusionierten Göhren und die OT Bahlenhüschen und Settin mit der Gemeinde Tramm.

Der Draak wird gefangen *Auch in Göhren zog einst der Draak (Drache). Durch den Schornstein besuchte und beschenkte er aber nur jene, die sich dem Teufel verschrieben hatten. Den armen Knechten*

gefiel das natürlich gar nicht und sie wollten dem Draak und den reichen Bauern eine Abreibung verpassen. Sie wussten, wie man den Draak im Haus gefangen halten konnte: Nach seinem Einflug in den Schornstein musste man ein Speichenrad verkehrt auf die Nabe stecken. Dann kam er nicht mehr aus dem Haus heraus und durch seine Kör-

perwärme begann er zu dampfen. Um einen Brand zu vermeiden steckten die Knechte das Rad wieder richtig auf, der Draak entschwand und wurde seitdem nie wieder gesehen.

Weiterer Tipp

Badestelle mit Steg am Settiner See, mit max. 41,8 m Wassertiefe. Im See kommen Karpfen, Hecht und Barsch vor; ein Schilfgürtel umschließt fast den ganzen See. Auch der Seeadler, der unweit seinen Horst bewohnt, findet hier seine Beute.

Kapelle Göhren

Forstscheune Bahlenhüschen

Bahlenhüschen

Wie der Ort zu seinem Namen kam *Schon vor dem 30-jährigen Krieg soll es an der heutigen Gemarkung ein „Bohlen-Häus-chen", plattdeutsch: Bahlen-hüschen, gegeben haben. Bald gab es hier eine Glashütte (1705-1718/19) mitten im unbedingt benötigten Holzbestand. In diesen Behausungen lebten Knechte, Förster und wohl auch der Holzvogt des Amtes Crivitz.*

1718 heiratete ein junges Paar aus Bahlenhüschen in Tramm, das soll die erste belegte Nennung des Ortes in diesem Kirchbuch sein. Der Forsthof und die Glashütte werden in verschiedenen Archivakten bereits lange vor der Ortsgründung erwähnt.

Riese liefert Baumaterial für einen Backofen

Einst, nach der großen Eiszeit, lebten in dieser Gegend ein Riese. Auch der neugierige Teufel sah sich auf diesem schönen Flecken Erde um. Der Riese wohnte auf dem Tobelsberg nahe Bahlenhüschen und der Teufel war aus einem Erdloch nahe Ruthenbeck gestiegen. Weil es dem Teufel an Wasser mangelte leitete er den angrenzenden Bach einfach zu sich um. Diese Schurkerei ging dem Riesen zu weit und er schleuderte mit einer Riesen Wut im Bauch einen Riesenstein über die Trammer Feldmark bis nach Ruthenbeck zum Teufel. Dem kam dieser Stein gerade recht und er baute daraus einen riesigen Backofen für seine Großmutter, die sich darin gern ihre Bratäpfel bereitete.

Der imposante „Teufelsbackofen" steht auch heute noch in Ruthenbeck.

Weitere Tipps

Alter Forsthof mit über 240-jährigen niederdeutschen Hallenscheunen – sie gelten als die ältesten Gebäude des Ortes, beide sind mit Reet gedeckt. Hier beginnen drei Wanderrouten durch die Waldlewitz; Informationstafeln weisen den Weg

Unweit des Forsthofes, im Großen Jakobshorst, kann man noch Reste der alten Glashütte (1705 – 1719) finden. Sie lag zwischen Hüttergraben und Jameldamm.

Reste der Glashütte Bahlenhüschen

Die kleinste Fachwerkkirche Mecklenburgs, 1692, auf dem von alten Bäumen bestandenen Dorfanger, vormals ein Friedhof

Peckatel

Das östlich von Plate gelegene Kirchdorf befindet sich im Landschaftsschutzgebiet Lewitz. Einige leiten den Namen von kotel = Kessel ab, was aber nicht bewiesen ist. Peckatel ist ein sehr alter Siedlungsort, es wurde später zum Bauerndorf.

Nahe dem jetzigen Dorf wurde drei Hügelgräber gefunden: Der Königsberg mit dem berühmten Bronzewagen und Griffhangelschwert, der Rummelsberg mit dem aus Feldsteinen aufgeschichteten Tisch. Beide „Berge" sind mit Sagen verknüpft. Der dritte Hügel ist zerstört. Das Dorf ist insgesamt recht sagenreich.

Der Teufelsdrachen holt zwei Seelen *Dem Bauern Johann blieb das Unglück auf den Fersen. In seiner Not schloss er auf dem Kreuzweg, wo der Pinnower den Peckateler Weg schneidet, mit dem Leibhaftigen ein Bündnis. Seitdem wurde sein Vieh glatt und rund. Die Bauern schickten den Nachtwächter, Johanns Hof zu beobachten. In der Nacht kam der Draak geflogen, ein langes Ungeheuer. Der Nachtwächter knöpfte sich rasch die Hosen ab und zeigte dem Draak seinen blanken Hintern. Vor Schreck ließ der seine ganze Last fallen, zwanzig Zentner Hafer. Erst als der Nachtwächter die versteckt hatte, meldete er dem Schulzen die Geschichte. Die Bauern wussten, wie sie den Draak in Johanns Haus bannen konnten. Da aber begann er zu glühen und das Haus brannte ab. Johann und seine Frau kamen im Feuer um und der Teufel hatte zwei Seelen mit einem Mal.*

Peckatel – Raben Steinfelder Forst

Zum Kreuzweg: Von der Kirche Richtung Norden, weiter „Am Sandberg" geradeaus, ab Ortsausgangsschild 800 m bis zum Waldrand Raben Steinfelder Forst (Sandweg, Wanderweg Richtung Pinnow).

Die Tafel im Königsberg *Die Unterirdischen im Königsberg erschienen hin und wieder auf dem Hügel und speisten an einer Tafel. Ihr Getränk fuhren sie mit einem kostbaren Wagen um den Steintisch. Ein Junge aus Peckatel nahm von der zierlich gedeckten Tafel heimlich ein Messer. Nun konnte sie nicht mehr im Hügel versinken. Als er es auf Geheiß des Vaters wieder hingetragen hatte, versank die Tafel und wurde nie wieder gesehen.*

In der Nähe des Dorfes sah man auf der weiten Ebene der Feldmark nahe beieinander drei Kegelgräber. 1843 fand man im Königsberg, dem mittleren der drei Hügel, einen Bronzekessel auf einem vierrädrigen Fahrgestell. Er gehört heute zu den berühmten Ausstellungsstücken des Amtes für Bodendenkmalpflege in Mecklenburg-Vorpommern.

Am Königsberg bei Peckatel

Zum Königsberg: Von der Kirche aus in nördlicher Richtung vor dem Friedhof rechts in den Zietlitzer Weg einbiegen, dann weiter rechts haltend, insgesamt 700 m. Rechtsseitig ein Acker, mit dem Königsberg/ Rummelsberg an der hinteren Grenze. Wegen landwirtschaftlicher Nutzung weitgehend abgetragen und kaum noch wahrzunehmen. Nicht zugänglich.

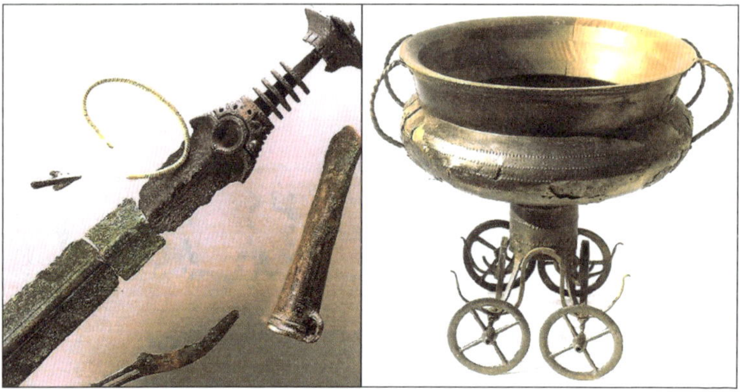

Griffhangelschwert und Kesselwagen aus dem Königsberg – heute im Archäologischen Landesmuseum Schwerin

Das Kind aus dem Rummelsberg *Die Unterirdischen brachten einer Bauersfrau ihr neugeborenes Kind und nahmen dafür das Kind der Bäuerin mit. Einmal richtete die Frau ein Ei so an, wie es die Bauern immer machten. Daraufhin sprach das Zwergenkind: „Ich bin so alt wie Böhmer Gold, aber so was habe ich mein Lebtag nicht gesehen." Dafür züchtigte die Frau das Kind. Da nahmen es die Unterirdischen zurück und brachten seitdem keins wieder.*

Der Messerdieb stirbt *Die Unterirdischen stellten eines Tages für die Knechte eines Bauern auf dem Acker ein gedecktes Tischchen mit Brot, Butter und Milch. Die ließen es sich schmecken. Der eine aber steckte heimlich ein Messer ein. Als er es benutzen wollte, fuhr das Messer dem Dieb ins Bein und an der Wunde starb er bald darauf.*
Am Rummelsberg

Der behexte tote Ochse *Einem Bauern krepierte ein Ochse. Der Schinder bekam den toten Ochsen nicht über die Grenze. Der Bauer hatte ihn behext. Am anderen Tag saß der Bauer auf dem Ochsen, schnitt Fetzen aus dem Fleisch und aß sie auf.*

Der Tod des Spielverderbers *In Peckatel wütete oft der Waul. Ein Schäferknecht wollte ihm das Spiel verderben. Er jankerte mit, als ob er zum Gefolge des Wauls gehörte. Der Waul warf ihm eine Menschenkeule zu, die sollte er essen. Doch der Schäfer vergrub sie. Drei Tage später war er tot.*

Kirche von Sukow (1880-1883)

Sukow

Das sagenreiche Sukow liegt südöstlich von Schwerin und südlich der B 321 (von Schwerin nach Crivitz/ Parchim). Der Ort gehört zum Landschaftsschutzgebiet Lewitz. Er ist seit vielen Jahren Zentrum des Reitsportes. Durch die Vorortlage zur Landeshauptstadt Schwerin und die schöne Umgebung verdoppelte sich fast die Einwohnerzahl in den letzten Jahren.

Erstmalig urkundlich erwähnt wird Sukow 1348, es ist aber um vieles älter. So wie bei Plate und Peckatel gab es auch bei diesem Dorf Hügelgräber (allerdings alle zerstört), die auf eine Besiedelung seit drei bis viertausend Jahren hinweisen. Vielleicht ist das eine wichtige Ursache dafür, dass dieses Dorf voller mystischer Sagen ist, vor allem über die Wilde Jagd und die kleinen Unterirdischen, die hier als Weiße Weiber erscheinen.

Die Elendseichen *Nahe dem Hahnenkamp standen drei Eichen, die „Elendseichen". Auf dem Hof soll ein Graf namens Hahn gewohnt haben. Zu ihm kam eines Tages ein Armer und bat um eine Gabe. Der Reiche aber jagte ihn mit der Hundepeitsche vom Hof. Es war gerade ein Gewitter im Anzug. Da bat der Arme den lieben Gott, er möchte den Blitz in das Haus des Hartherzigen schlagen lassen und ihn selber aus der Welt nehmen. Wie er bei den Eichen ankam, sah er den Hof des Reichen in Flammen stehen. Der Hofbesitzer lief voller Verzweiflung ebenfalls zu den Eichen. Kaum hatte er sie erreicht, fuhr ein Blitz vom Himmel und tötete Beide.*

Die Elendseichen standen bei der früheren Büdnerei 28, heute Am Kamp 6. Von Sukow aus Richtung Plate/Banzkow am Dorfausgang.

Wo die Elendseichen einst standen

Der Waul entschädigt eine Magd *Bei einem Bauern fiel die Wilde Jagd ein und begann, den Teig aufzufressen. Da jammerte die Magd. Sie wurde mit Pferdemist entschädigt, der am anderen Morgen Gold war.*

Von der gerechten Frau Wode *Frau Wode kam oftmals bei einer alten Bäuerin vorbei. Manchmal schlichen sich die Weißen Weiber, kleine, diebische Unterirdische, in ihr Gefolge ein. Eines Tages naschten sie heimlich vom Teig. Da band sie Frau Wode an den Haaren zusammen, warf sie übers Pferd und ritt davon.*

In den Stahlbergen im Gädebehner Forst

Hundedreck wird zu Gold *Ein Bauer fand im Wald einen kranken Hund. Er pflegte ihn gesund und wurde dafür von der Wilden Jägerin mit Hundedreck belohnt. Der Dreck wurde zu lauter Gold.*

Frau Waur fängt ein Weißes Weib *Ein Weißes Weib wohnte auf einem Horst bei Sukow. Es neckte die Hirten und Forstarbeiter viel. Da wurde sie von der Wilden Jägerin gefangen.*

Weiße Weiber stehlen Kinder *Bei einem jungen Bauern wohnten unter dem Kuhstall zwei Weiße Weiber, die ungetaufte Kinder stahlen und dafür ihre Wechselbälge unterschoben. Deshalb wurde später jedem ungetauften Kind des Nachts zum Schutz ein brennendes Licht an die Wiege gestellt.*

Weiße Weiber brauen Bier *Bei einem anderen Bauern lebten Weiße Weiber unterm Viehhaus. Jeden Neumond liehen sie sich einen Braukessel. Am dritten Abend gaben sie ihn mit einigen Kannen guten Bieres zurück. Schweine wollten in dem Stall nicht gedeihen, wohl aber Kälber.*

Der Rat des Unterirdischen *Ein Bauer säte Korn ein. Da sah er ein kleines Mädchen mit einem langen Bart. Es riet ihm, zur anderen Stunde zu säen. Das tat der Mann. Als die Erntezeit kam, hatte das zuerst gesäte Korn nur Brand und Schmeiß. Das letzte aber gab zwanzigfache Löhnung.*

Die ehemalige Hufe 13

Die räuberischen Krügersleute *Wo jetzt an der ehemaligen Frachtstraße der Bauernhof steht, befand sich in alten Zeiten ein Krug. So mancher Fuhrmann verschwand hier und wurde nie wieder gesehen. Ihr Geld aber fand sich nach vielen Jahren in einem Schatz an.* Bei Bauarbeiten auf der Hufe 13, heute Hauptstraße 42, fand man vor Jahren tatsächlich einen Schatz mit 745 Münzen aus dem 15. und 16. Jh.

Weitere Tipps

Kirche Kuppel und Hahn sind vergoldet. Im Turm hängen drei Glocken, die kleinste stammt wahrscheinlich aus dem Jahr 1614. Informationen und Anfragen zu Führungen: Ev.-Luth. Kirchgemeinde Pinnow

Tel. 03960 – 531, oder bei: Eva Rohde Tel. 03861 – 7424

Sottiner See Östlich des Ortes

Reiterpension Mietz

Kaffeefahrten in die Lewitz. Tagesfahrten.

Am Kamp 7, 19079 Sukow, Tel.: 03861 - 7902

Norddeutscher Kinderbauernhof Zietlitz e. V. s. Zietlitz

Forstscheune Bahlenhüschen (1770)

Rastgelegenheiten, Schautafeln, Veranstaltungen

Für das leibliche Wohl

Bistro zur Schmiede Inh. Gudrun Luck, 19079 Sukow, Schmiedestraße 1, Telefon: 03861 - 302053, Fax: 03861 - 302054

Das fast zugewachsene Wasserloch bei Zietlitz

Zietlitz

Das kleine Straßen- und ehemalige Gutsdorf liegt am Rande des Gädebehner Forsts, zwischen dem Pinnower Berg im Westen und den Stahlbergen im Osten. Das Gut wurde zu Beginn des 20. Jh. zu Büdnereien aufgesiedelt.

Das Mädchen im Wasserloch *Bei Zietlitz ist ein Wasserloch, darin lebt ein Mann. Wenn die Mädchen zum Wasserholen kamen, dann griff er sich eine, schnitt sie mitten durch, schlug ihr Kopf, Hände und Füße ab und legte alles in einen Kessel. Keiner traute sich mehr dorthin. Eines Tages aber ging wieder ein Mädchen zum Wasserholen. Der Wassermann konnte sie nicht durchschneiden, sie hatte einen breiten festen Gürtel um. Sie musste ihm nun die Wirtschaft besorgen. Einmal öffnete sie heimlich die verbotene Kammer. Da sah sie die Leichen der vielen anderen Mädchen. Durch ein großes Glück konnte sie sich selber retten und auch die anderen Mädchen wieder zum Leben erwecken.*

Der Grund für die außergewöhnlich grausame Sage konnte noch nicht ausgemacht werden.

Zum Wasserloch: Nahe dem Ortsausgang in Richtung Peckatel befindet sich an der Ecke zum „Bodderwech" (Butterweg) die stark bewachsene Wassersenke.

Vom Riesenstein bei Zietlitz *Zwischen Peckatel und Pinnow lebten zwei Riesen. Dem Einen löste sich beim Pflügen das Pflugeisen. Das klagte er dem anderen. Am anderen Morgen schlingerte der ihm mit der Peitsche einen riesigen Stein zum Festklopfen hin. Der Fels war so groß, dass man davon die steinerne Brücke über die Bietnitz im Raben Steinfelder Forst bauen konnte.*

Die steinerne Brücke ist nicht mehr vorhanden. Eine Brücke über die Bietnitz findet man von Zietlitz Richtung Raben Steinfelder Forst (nach Westen) nach ca. zwei Kilometern.

Der Riese im goldenen Sarg *Am Wege von Peckatel nach Pinnow lag früher ein großer Stein mit dem Abdruck einer Hand. Den hatte ein Riese vom Stahlberg aus geworfen. Der Riese soll mit einem goldenen Schwert umgürtet in einem goldenen Sarg fünf Meilen im Umkreis des Steins liegen.*

In den Stahlbergen im Gädebehner Forst

Weiterer Tipp

Nordeutscher Kinderbauernhof Zietlitz e. V. Seit 2007 im Entstehen. Auf einer fünf Hektar großen Fläche gibt es eine Streuobstfläche und eine Rundscheune mit Back- und Räucherofen. Auf dem Kinderbauernhof mit vielen heimischen Tierarten werden auch spezielle, fast ausgestorbene Haustierrassen gezüchtet. Lernen, woher Milch und Eier kommen, wie dick Kürbisse werden – für Kinder und Erwachsene gleichermaßen interessant.

Nordeutscher Kinderbauernhof Zietlitz e. V
Zietlitzer Str. 6, 19079 Sukow
Tel.: 038 61 - 30 29 772 (Tourismusinformation Banzkow)

Für das leibliche Wohl

Hotel und Restaurant Waldschlößchen

(direkt an der B 321)
Inh. J. Suhr
19089 Crivitz , Schweriner Chaussee 8
Telefon: 03863 - 5430-0
Fax: 03863 - 5430-99
E-mail: kontakt@waldschloesschen-mv.de
Internet: www.waldschloesschen-mv.de

Von Zietlitz zur B 321, dort nach rechts Richtung Crivitz ca. drei Kilometer.

III. Rund um die Pinnower Seen

Sechs Seen südöstlich des Schweriner Sees, um sie herum oder dazwischen eingebettet die Dörfer Raben Steinfeld, Godern und das sagenreiche Pinnow – Steilufer, mächtige Hügel, Wälder und Wiesen, eine bezaubernde Wohn- und Wandergegend.

Schloss Raben Steinfeld. Im Oberdorf. Richtung Leezen und dann links den Forstweg nehmen.

Raben Steinfeld

Das Oberdorf liegt auf einem schmalen Höhenzug zwischen Schweriner und Pinnower See und ist von Wäldern umgeben. Das Unterdorf befindet sich südlich der B 321 nahe dem Störkanal am Rand der flachen Lewitz. Es grenzt an den großen Raben Steinfelder Forst.

In der Raben Steinfelder Flur bestand schon in slawischer Zeit eine Befestigungsanlage, die den Übergang über die Stör sicherte. Bereits 1160 aber befand sich hier eine deutsche Burg. Das ehemalige Dorf „Stenfeldt" (erstmals 1410 erwähnt) ging 1410 als Lehen an die von Ravens. Seit 1683 war es ein Gutsdorf, das nun ihren Namen Raben und dazu Steinfeld trug. Steinfeld ist wörtlich zu nehmen, es meint die sehr steinigen Felder der Umgebung (Endmoräne).

1847 wird das Gut zum Hausgut der Großherzöge von Mecklenburg-Schwerin. Es wird zu einem repräsentativen Sommersitz ausgebaut und erhält jetzt auch ein Gestüt.

Das Schloss liegt in einem großen englischen Landschaftspark, der sich bis zum Schweriner See erstreckt. Hier sind die 34 „Raben Steinfelder Eichen" zu finden – die stärkste unter ihnen hat einen Umfang von 7,40 m. Auch andere dendrologische Besonderheiten erblickt man im Park.

Eine architektonische Seltenheit an der Straße nach Leezen: Zwölf Gestütswärterhäuser im englischen Landhausstil für die herzoglichen Bediensteten, 1863-69 errichtet. Heute Wohnhäuser.

Kühe werden durch die Wand gemolken *Eine Bäuerin hatte nur eine einzige Kuh und doch mehr Butter und Milch als zwei Bauern zusammen. Weil nun einige Nachbarn fanden, dass die eigenen Kühe morgens wie ausgemolken waren, sollte der Nachtwächter nach dem Rechten sehen. Eines Morgens fand er die Alte, wie sie gerade einen Zapfen in ein Astloch in der Wand des Nachbarstalls steckte. Dann molk sie den Zapfen. Und tatsächlich kam da Milch heraus. Der Nachtwächter packte die Alte, aber sie biss ihn in die Hand. Die Hand heilte nicht mehr und der Nachtwächter starb daran.*

Die goldene Wiege *Unter einer mächtigen Eiche lebten die Unterirdischen. Sie waren recht begütert und hatten für die Kinder des Königs eine goldene Wiege. Wegen des Goldes litten sie unter den Nachstellungen der Menschen. So beschlossen sie auszuwandern. Sie ließen sich über die Stör setzen und verschwanden für immer. Die schwere goldene Wiege blieb zurück, tief in der Erde unter der Eiche.*

Vom Schloss aus den Forstweg nehmen, er biegt dann nach rechts ab, hier jedoch ca. 30 m geradeaus weitergehen. Die große Stieleiche auf der linken Seite ist als Naturdenkmal ausgeschildert.

Naturdenkmal Stieleiche unweit des Schlosses

Aus dem Schweriner See entsprang bei Raben Steinfeld die Stör und schob sich in zahlreichen Windungen in die Lewitz. Brücken gab es lange Zeit nicht. Die Ufer waren versumpft und boten keinen festen Halt. Entweder durchwatete man das Flüsschen an seichten Stellen oder nutzte die Fähre.

Der Auszug der Unterirdischen aus Mecklenburg

Die Ünnerirdischen wollten in die Türkei ziehen. Das Brot wurde ihnen in Mecklenburg zu sehr gesegnet. Der Fährmann bei Raben Steinfeld setzte sie über. Er hörte das Trippeln vieler Füßchen, sah aber niemanden. Auf der anderen Seite des Störkanals ließ ihn der König der Zwerge mit einem Trick sehen, wie Hunderte und wohl Tausende der kleinen Wesen vom Boot zum Ufer gingen.

An der Stör bei Raben Steinfeld

Der Großherzog spielt mit dem Teufel Karten *Der Großherzog soll einer Sage nach am Steinernen Tisch gesessen und mit dem Petermännchen und dem Teufel Karten gespielt haben.*
Der Steinerne Tisch liegt östlich der Autobahn am Wanderweg um den Pinnower See Richtung Godern (Norden), s. Godern

Weitere Tipps

Gedenkstätte mit der Plastik „Die Mutter". In der Nähe Raben Steinfelds endete am Störkanal am 2. Mai 1945 der Todesmarsch von 30 000 Häftlingen des Konzentrationslagers Sachsenhausen. An der Stelle befindet sich eine Gedenkstätte mit der Plastik „Die Mutter" und vier Relieftafeln von G. Thieme (entstanden 1973 – 1976).

Geologisches Museum & Natursteinmanufaktur
19065 Raben Steinfeld, Ringstraße 1
Telefon: 03860-501063

Reitverein „Hubertus" e.V. Raben Steinfeld
19065 Raben Steinfeld, Leezener Str. 18
Tel.: 03860 - 226

Findlingsgarten Findlinge aus unterschiedlichem Material. Aus Schwerin kommend nach Rabensteinfeld hinter dem Ortseingangsschild am Waldrand rechts.

Im Findlingsgarten von Rabensteinfeld sind 136 unterschiedliche Steine, die während der Eiszeit in diese Region gelangten, aufgestellt, darunter das Steinerne Sofa mit Tisch. Die Bild- und Texttafeln geben Informationen zu den Steinen und zu ihrer Herkunft. Im Unterdorf gibt es ein Geologisches Museum.

Forsthaus im Schweizer Stil (1856).
Am Charlottenberg/Ecke Crivitzer Chaussee

Für das leibliche Wohl

Rabenstein
Hotel – Restaurant – Tagungszentrum – FeWo
19065 Rabensteinfeld
Residence Park 9
Telefon: 03860 - 580 270
E-mail: info@rabenstein-mv.de

Pinnow

Das sagenhafte Dorf Pinnow (1265 erstmals erwähnt) liegt nur wenige Kilometer östlich von Schwerin in einer wunderschönen hügligen Landschaft mit sechs Seen und einem Flüsschen. Um das Dorf herum grünen Wiesen und Wälder. Aus der Lewitz kommend fließt die Bietnitz zwischen dem ehemals slawischen Pinnow und dem einst davon unterschiedenen deutschen Dorf Petersberg in den Binnensee. Nahezu die gesamte westliche Gemarkung Pinnows ist Landschaftsschutzgebiet, die Gegend nördlich des Petersberges und nordöstlich des Flugplatzes ist das Naturschutzgebiet Pinnower Trockenhänge.

Zu Pinnow gehört alles, was so ein richtiges altes Dorf ausmacht und noch mehr, Rohr gedeckte Häuser und eine Kirche, Dienstleistungs- und Handwerksbetriebe, Einkaufszentrum, gastronomische Einrichtungen und Pensionen, Feuerwehr, Friseur und Frauenchor, Musikgruppen, bildende Künstler, Sportanlagen, Fußballmannschaft sowie ein Segelflugplatz. Und außergewöhnlich viele Sagen. So verwundert es nicht, wenn die Einwohner eine der Sagengestalten, das Petermännchen, in das Gemeindewappen setzten.

Das Dorf hat zwölf Sagenorte mit fünfzehn unterschiedlichen Sagengestalten bzw. Sagenmotiven und zu ihnen über 20 Sagen. Sie sind der Widerschein einer Besiedlung schon seit der Steinzeit und der Lage an einem später hier verlaufenden wichtigen Handelsweg (durch Pinnow/ Petersberg führte der Frachtweg und später auch der Postweg von Hamburg – Schwerin nach Güstrow – Rostock. Im 16. Jahrhundert zogen hier auch die Pilger aus dem Westen zum Wallfahrtsort Sternberg. Im 30-jährigen Krieg und während der napoleonischen Besetzung war dies auch Heerstraße). Besonders viele Sagen spielen am Petersberg.

Und tatsächlich belegen Funde: Unterhalb des Berges, bis zum 19. Jh. „Hoher Berg" genannt, war eine slawische Siedlung. Am Wasserwerk, nahe dem Kuckucksberg, wo der Sage nach die Wilde Jagd haust, war ebenfalls eine slawische Siedlung. Sogar auf der Sagen umwobenen Insel Fischerwerder, auch Borgwerder genannt, siedelten Slawen. Der alte Name Borgwerder (Burginsel) und Reste einer alten Brücke von der Insel zum Festland in der Nähe der Steinernen Tisches weisen darauf hin.

Tanz um den Altar *Es waren zwei Mädchen in Pinnow, die den lieben Gott und sein Wort verachteten. Sie tanzten beide zum Spaß in der Kirche um den Altar herum. Dann aber konnten sie nicht mehr aufhören und mussten weiter tanzen, Tag und Nacht, bis sie immer dünner und durchscheinender wurden und schließlich nichts mehr von ihnen zu sehen war. Nur manchmal glaubt man, noch etwas wie zarte durchsichtige Schleier um den Altar herum schweben zu sehen. Das sind die Seelen der Mädchen.*

Die mit Rosen umpflanzte Kirche aus dem 14. Jh. steht auf dem Friedhof im Zentrum des alten Dorfes. Sie wurde wahrscheinlich auf einer slawischen Kultstätte errichtet. Das war im 12./ 13. Jh. bei den deutschen Eroberer so üblich, um den heidnischen Glauben möglichst vollständig auszurotten und durch den christlichen zu ersetzen.

Der Waul bringt Brotteig *Als die Bauern wieder einmal den Teig vorbereitet hatten, fiel die Wilde Jagd darüber her und labte sich. Der Waul füllte zum Dank den Trog bis obenhin mit neuem Teig. Nie in ihrem Leben hatten die Bauern jemals solch köstliches Brot gegessen.*

Die Reste des Petersberger Backofens sind als kleiner Hügel vom Zietlitzer Weg aus auf dem Privatgrundstück Müller noch einsehbar.

Die verwunschene Förstersfrau *Am Kuckucksberg im Pinnower Holz zieht, vor allem in stürmischen Nächten, die Wilde Jagd mit Frau Waur entlang. Sie ist eine Förstersfrau, die mit ihren 24 Kindern nicht mehr zurecht kam. In ihrer Verzweiflung verwünschte sie die Kinder in Hunde. Nun muss sie mit ihnen ewig durch die Lüfte jagen.*

Der Kuckucksberg ist eine kaum noch wahrnehmbare Anhöhe an der B 321 unmittelbar südlich vor dem Wasserwerk.

Wie Petermännchen zu Hut und Stelzen kam *In Pinnow soll ein kleiner Schmied, Petermännchen genannt, gelebt haben Er fand unter seinem Amboss einen Schatz mit einem Stirnreif. Dieser verwandelte sich unter seinen Händen in ein Mädchen, das er zur Frau nahm. Er half den armen Leuten gegen den hartherzigen Schweriner Mühlengrafen und sie halfen ihm, als er von den Knechten des Grafen gesucht wurde. Mit Hilfe von Hut und Stelzen machten sie kurzerhand aus dem Kleinen einen großen Mann. Als Geist hilft er den guten Menschen und bestraft die Bösen.*

Die Schmiede, heute nicht mehr auszumachen, befand sich auf der Petersberger Seite.

Das silberne Krüglein *Die kleine Unterirdische Hanna vergisst im Petersberger Krug ihre silberne Kanne mit Bier mitzunehmen, als sie vom Tod Sannas erfährt.*

Der Sagenort Petersberger Krug befand sich an der Bietnitz auf der Petersberger Seite.

Am Hilligensee

Drei Münzen als Taufgabe *Die Unterirdischen legten nach der Taufe ihrer Neugeborenen jeweils drei Münzen als Taufgabe auf den Stein am Hilligensee.*

Totenwäsche

Mit dem Wasser aus diesem See tauften die Unterirdischen ihre Kinder und wuschen die Toten . Bis nach dem ersten Weltkrieg übten auch die Einwohner des Dorfes den Brauch.

Der Hilligensee, d.h. der Heilige See, befindet sich am Weg von der Gaststätte „Petersberg" in Richtung Flugplatz, südöstlich des Petersberges in einem Tal. Linker Hand ist der bewaldete Petersberg zu sehen, rechter Hand der kleine See.

Am Petersberg

Der 66 m hohe bewaldete Petersberg ist eher als lang gestreckter Hügel zu bezeichnen. Er liegt am Weg zum Segelflugplatz. Früher nannte man ihn Hoher Berg. Er ist Handlungsort von Zwergen-, Spuk- und Schatzsagen. In der heidnischen Religion ist der Berg Sitz des slawischen Grenzgottes Cernebog. Die Unterirdischen betreuten sein Gestüt, betrieben eine Schmiede, versorgten den weißen Hengst des Gottes und holten Wasser aus dem nahe gelegenen Hilligensee. Ein unterirdischer Gang führte zur Insel Borgwerder im Pinnower See. Aus den Unterirdischen ging das Petermännchen hervor.

Die Schieldinge *Unterirdische bedrohten am Weg einen Reiter, weil er sie verspottete.*

Die goldene Wiege des Königs *Auf dem Petersberg lagen früher größere Steine aufgehäuft. Darunter soll die goldene Wiege des Königs der Unterirdischen vergraben sein. Unter einem der Steine lag der goldene Schlüssel des Petermännchens.*

Das Petermännchen als Schmied und Schlossgeist von Schwerin *Das Petermännchen hat im Petersberg seine Schmiede. Man kann ihn heute noch hören, wenn man das Ohr auf den Boden legt. In einer Nacht flog er auf einem Schimmel durch die Luft ins Schweriner Schloss. Vom Petersberg hat er auch einen unterirdischen Gang bis nach Schwerin.*

Petermännchen löscht das Licht *Petermännchen löschte das Licht der Kinder, die durch einen Gang in sein Reich im Petersberg eindringen wollten.*

Spuk am hohen Berg *Ein unheimliches Wesen, halb Mensch, halb Tier, soll sich am Fuße des Berges aufgehalten haben. Ein Reiter, der sich an dieser Stelle zum Schlafen niedergelegt hatte, wachte nicht mehr auf.*

Die misslungene Erlösung *Die Weiße Frau hielt am Weg beim Petersberg einen Kirchgänger eine Stunde lang vergeblich fest, weil sie erlöst werden wollte.*

Ein Mädchen holt Wasser *Ein Kirchgänger aus Godern trifft am Petersberg ein seltsam gekleidetes Mädchen. Sie trägt zwei Eimer mit Wasser und verschwindet plötzlich im Berg.*

An der Glückskuhle, links im Grund

Die Glückskuhle *Hier ist eine goldenen Wiege vergraben, die der Müller von der Godernschen Mühle mit Hilfe des Teufels heben wollte.*

Auf dem Weg von Pinnow nach Godern, am Weg zwischen Segelflugplatz und Petersberg, liegt nahe dem Berg in der Senke der Koppel die Glückskuhle. Dahinter befindet sich ein verlandender See, der Köllick, im Feuchtgebiet des Mühlsees. (In Höhe des Flugplatzgebäudes links über eine kurze Gras bewachsene Auffahrt den Weg an der Koppel nehmen).

Die Erlösung des verzauberten Mädchens *Ein junger Fischer aus Pinnow fuhr eines Tages auf die Fischerinsel im Pinnower See. Da verfing sich ein sprechendes Wesen im Netz, ohne Arme und Beine, von Gestalt nicht Mensch noch Tier. Die Gestalt sagte, sie wäre ein verzaubertes Mädchen und bat, sie in der folgenden Mitternachtsstunde zu erlösen. Er müsste sie dreimal um die Insel tragen. Dabei würde allerlei schreckliches Gewürm erscheinen. Und sie wäre erlöst, wenn er ihr nach der dritten Runde einen Kuss gäbe. Der Fischer packte sich die Gestalt auf den Rücken und alles geschah, wie vorhergesagt. Er lebte als reicher Mann glücklich bis an sein Lebensende.*

Der brennende Schatz *Ein alter Fischer sah ein blaues Flämmchen auf der Insel und fand einen großen Schatz. Eine unsichtbare Stimme warnte ihn davor, mehr als zweimal davon zu nehmen. Der Fischer hielt sich daran und konnte das Geld unbehelligt an Land bringen.*

Die Insel Borgwerder/Fischerinsel im Pinnower See ist fast von jedem Teil des Ufers aus zu sehen.

Das weiße Hündchen *Ein Tagelöhner sah auf der Insel einen seltsamen weißen Hund, den er verjagte. Als er die Stelle erreichte, an welcher das Hündchen gestanden hatte, hörte er eine Stimme flüstern, dass ein unermesslicher Schatz an dieser Stelle vergraben sei. Er müsse in der nächsten Mitternacht nur dreimal völlig nackt die Insel umkriechen. Da floh der Tagelöhner vor Entsetzen und betrat die Insel nie wieder.*

Der Lindwurm am Pinnower See *Vor langer Zeit lag auf dem Lindhörn am Pinnower See ein friedfertiger Lindwurm. Die neugierigen Menschen aber störten ihn ständig. Schließlich zog er in die Lewitz, wo es ruhiger war. Er kroch in die Erde und warf sie wie ein Maulwurf auf. So entstand ein Damm. Die Leute nannten ihn „Lindwurmdamm". Als keiner mehr an Lindwürmer glaubte, hieß er nur noch Lindendamm.*

Der Lindendamm oder auch Lindhörn konnte noch nicht lokalisiert werden.

Eine Broschüre mit den ausführlichen Sagengeschichten über Schätze, Ungeheuer, Teufel, verwunschene Jungfrauen und andere Sagengestalten aus Pinnow, Godern und Raben Steinfeld ist 2009 mit umfassenden Wegbeschreibungen erschienen:

Erika und Jürgen Borchardt – Zwei Kahnschnecken voller Gold.

Weitere Tipps

Pfarrgehöft Fachwerkbau von 1774, nahe der Kirche.

Atelier Kalt Malerei/Grafik
19065 Pinnow, De Grund 7
Telefon: 03860 - 437
Der Pinnower See, die Warnowwiesen, Alleen und Küstenlandschaften sowie der hohe Himmel über Mecklenburg sind bevorzugte Themen.

Karl Kalt: *Herbst am Pinnower See, Öl*

Skulpturenwerkstatt und Sommergalerie Hans-Wolfgang (Olaf) Römer.
19065 Pinnow, Achter de Hüsler 6
Telefon: 03860 - 8188

Für das leibliche Wohl

Gasthaus Petersberg
19065 Pinnow,
Zum Petersberg 16
Telefon: 03860 - 374

Badestrand in Godern mit Blick zum Buerbarg

Godern

Die Oberflächengestalt des Gebietes um Godern wurde in der Eiszeit geformt. In der Grund- und Endmoränenlandschaft gibt es mehrere Seen. Der Ort, ca. 10 km von Schwerin entfernt, befindet sich zwischen dem Pinnower und dem Mühlensee. Etwa ein Drittel des Ortsgebiets ist mit Wald bedeckt. Godern hat seinen dörflichen Charakter erhalten und besitzt noch eine alte, aber nicht mehr arbeitende Schmiede. Rechts am Ortseingang (aus Raben Steinfeld kommend) befindet sich eine großzügig angelegte Badestelle.

Das Dorf Godern wurde 1376 erstmals urkundlich erwähnt. Ausgrabungen belegen, dass Slawen Jahrhunderte zuvor am Mühlensee lebten. Sie verlegten den Siedlungsplatz später an den Pinnower See, vermutlich zur Verkürzung der Wirtschaftswege.

Mit Pinnow ist das Dorf durch den Kirchsteig (zwischen Kirchsee und Binnensee), über eine alte schmale Holzbrücke führend, verbunden. Eine zweite Verbindung verläuft vorbei an der Godernschen Mühle auf dem früheren Wismarer Frachtweg am Flugplatz und östlich des Petersberges.

Die Wassermühle liegt romantisch, abseits des Dorfes, am Auslauf des Pinnower Mühlensees in die Warnow. 1474 wird sie erstmals genannt. Bei den der Mühle zugewiesenen Zwangsmahlgästen aus den umliegenden Dörfern hatte der Goderner Müller „wegen ungebührlichen

Die Riesenlinde an der Wassermühle

matterns" einen denkbar schlechten Ruf. Er manipulierte stets den als „Matter" bezeichneten Mahllohn. Wegen der Nichteinhaltung des so genannten „Wasserpasses" lag der Müller zudem mit seinem eigenen als auch mit dem Dorf Pinnow häufig in Streit. Wenn er den See ungebührlich über die Marke des Wasserpasses anstaute, war der Kirchsteig zwischen Pinnow und Godern wegen Überflutung nicht zu nutzen.

1905 wird die Erbmühle letzmalig in ihrer Funktion als Mühle erwähnt Das Mühlengebäude dient heute als Wohnhaus. Bemerkenswert ist die seitlich des Mühlengebäudes unter Naturschutz stehende mächtige Linde, die wohl gewaltigste im weiten Umkreis.

Vom Badestrand kann man die Insel Borgwerder, auch Fischerwerder genannt, im Pinnower See sehen.

Die Krötenjungfrau von der Fischerinsel *Kaum jemand weiß, dass eine uralte Kröte auf der Insel Borgwerder ein wunderschönes verwunschenes Mädchen ist. Alle hundert Jahre kann es erlöst werden. Ein guter Mensch muss in der Mitternachtsstunde ganz allein und schweigend die Insel umkriechen und die Kröte küssen.*
Ein junger Fischer wollte es einmal wagen, war aber nicht waghalsig genug. Ab und an hört man ein klagendes Quaken von der Insel.

Der Steinerne Tisch gehört zwar zur Gemarkung Raben Steinfeld, ist jedoch am einfachsten erreichbar von der Badestelle Godern aus, auf dem westlichen Wanderweg um den Pinnower See Richtung Raben Steinfeld.

Der Großherzog spielt mit dem Teufel Karten *Der Großherzog soll einer Sage nach an diesem steinernen Tisch gesessen und mit dem Petermännchen und dem Teufel Karten gespielt haben.*

Mühlen waren oft ein sozialer Sammelpunkt. Meistens hatten sie auch einen Krug. Hier bahnte man Hochzeiten oder andere Geschäfte an. Die Godernsche Mühle hatte offiziell keinen Krug. So wird der Müller das Geschäft des Krügers heimlich betrieben haben, wie manches Andere auch. Aus der Zeit nach dem 30-jährigen Krieg wird von Beschwerden der Pinnower Bauern berichtet, dass der Müller ein Betrüger sei. Vielleicht ist die ältere Sage von der Goldenen Wiege in der Glückskuhle am Pinnower Petersberg mit der Teufelssage über den Müller in dieser Zeit zur folgenden Sage vereint worden.

Die Godernsche Mühle mit der riesigen Linde

Der Teufel in der Mühle *Der habgierige Müller der Godernschen Mühle versuchte lange Zeit vergebens, mit Hilfe des Müllerburschen die goldene Wiege in der Glückskuhle am Petersberg zu heben. Schließlich bot der Teufel ihm seine Dienste an. Die Frauensleute im Haus merkten, dass der Müller dabei war, seine Seele zu verlieren. Sie holten in einer Nacht den Priester aus Pinnow. Da fuhr der Teufel mit einem Feuerschweif aus dem Schornstein heraus.*

Zur Mühle:Von Godern Richtung Gneven. Am Ortsausgangsschild Wanderweg rechts„Am Mühlensee". Von Pinnow aus führt jeder Wanderweg Richtung Norden, am Petersberg vorbei, zur Mühle.

Die Weiße Frau am Strauchwerder *Drei Männer aus Godern waren nach dem Gottesdienst im Pinnower Krug gewesen und hatten beim Trinken die Zeit vergessen. Auf dem Rückweg sahen sie am Strauchwerder eine Frau in langem weißen Gewand. Übermütig verspotteten die Bezechten die Gestalt. Im selben Augenblick spürten die Männer einen eisigen Windhauch. Jedem von ihnen geschah im gleichen Jahr ein großes Unglück.*

Der Strauchwerder liegt an der jetzt Godern mit Pinnow direkt verbindenden schmalen Landstraße (ehemals der Kirchsteig). Er ist eine mit Büschen bestandene leichte Anhöhe in den Wiesen am Südwestufer des Mühlensees, gegenüber der Kleingartenanlage. Merkwürdig ist, dass diese Anhöhe landwirtschaftlich nie genutzt wurde. Die Erklärung: Hier spukt es gräulich. Der Spuk von der Weißen Frau in den Sagen lässt - wie die vom Schimmelreiter - die Annahme zu, dass hier einst Menschen siedelten oder eine Kultstätte hatten.

Schüler der Grundschule Leezen spielen die Sage von der Weißen Frau

Enthüllung des Sagensteins bei Godern

IV. Um den Cambser See

Die Region reicht vom Schweriner See mit einem idyllischen Wanderweg nahe dem Steilufer im Osten bis fast an das Sternberger Seengebiet und das Tal der Warnow im Westen. Sie besitzt um die 30 Hügelgräber und ist reich an Sagen.

Blick von Görslow nach Schwerin

Görslow

Görslow liegt am Hochufer des Schweriner Sees. Das Ufer besteht aus zwei Terrassen, die durch stufenweise Absenkungen des Wasserspiegels entstanden. Das Dorf ist, wie zwei Hügelgräber belegen, schon seit Jahrtausenden besiedelt. Der Ortsname ist slawisch (Gor-slaw = Bergberühmt). Der deutsche Ritterhof Görslow wurde 1337 erstmals urkundlich erwähnt. Ein noch heute erkennbarer Turmhügel nordwestlich des ehemaligen Gutshofes stammt aus der Frühzeit des Rittersitzes. Die ehemaligen Landarbeiterhäuser entlang der Dorfstraße sind typisch für die einstigen Gutsdörfer. Das Gut wurde 1936 aufgesiedelt. Die Häuser der Siedler (an der Straße nach Leezen) wurden im Stil des Niederdeutschen Hallenhauses errichtet. Die Kirche, eine der wenigen klassizistischen Kirchen Mecklenburgs, wurde 1846 eingeweiht. Das Innere ist prächtig ausgestattet mit einer hölzernen Kassettendecke sowie mit einer blau gemalten und mit 250 goldfarbigen Sternen reich besäten Muschelwölbung der Apsis. Sie wird wegen ihrer hervorragenden Akustik gerne für Konzerte und Lesungen genutzt.

Kirche Görslow

Merkwürdigkeit der Kirche: Ihr Standort wurde durch den Gutsherrn so angeordnet, dass sie dem Gutshaus ganz genau gegenüber lag. Man sagt, durch das Schlüsselloch des Portals des Gutshauses habe man direkt zum Schlüsselloch der Kirchentür und weiter in deren Inneres sehen können. Ob das der Grund war, dass sich der Pfarrer zu sehr dem weltlichen Einfluss ausgesetzt sah und es zu einem Streit mit dem Gutsherrn kam? Das Gutshaus wurde 1972 abgerissen. Die Entfernung zur Kirche betrug etwa 500 Meter. Sie standen tatsächlich genau in einer Achse.

Der vergessene Hund *Vor vielen Jahren wohnte auf dem Görslower Schloss der Kammerherr von Behr. Er muss sehr verzweifelt gewesen sein. Er nahm eines Tages sein Jagdgewehr und erschoss sich. An das Leben seines braven Hundes hatte er davor überhaupt nicht mehr gedacht. Das Tier musste elendig verhungern. Seitdem zeigte sich ein Geist im Schloss. In bestimmten Nächten, hauptsächlich an den Zwölften, schlurfte er durch die Gänge und stöhnte dabei, dass den Menschen Angst und Bange wurde. Immer, wenn der Geist umging, kam über die Bewohner des Schlosses schweres Leid.*

Die Zwölften sind die heiligen Tage zwischen Weihnachten und dem Dreikönigstag (6. Januar).

Der geheimnisvolle Gang zum Schweriner Schloss *Zum früheren Gut Görslow gehörte ein Garten. In unmittelbarer Nähe erhebt sich noch heute ein auffälliger Hügel. Er soll der Aushub von einem unterirdischen Gang sein. Dieser führt unter dem See hindurch zum Schweriner Schloss. Der Schlossgeist Petermännchen benutzt diesen Gang, um schnell zum anderen Ufer zu gelangen.*

Bei dem Erdhügel, der durch den Erdaushub vom Bau des unterirdischen Gangs entstanden sein soll, handelt es sich um die o. g. frühdeutsche Burganlage, den Turmhügel. Er hieß einst Schlossberg. Im Volksmund ist er der Petermännchenberg.

Von der grünen Glocke, *die zwei Schiffer in Ufernähe auf seltsame Weise zusammen mit einer Kiste Gold bekamen. Die Glocke sollen sie dem Dom zu Schwerin geschenkt haben*

Von der Alten mit den Schmalzzähnen, *die man in hellen Sommernächten im Dorf sah. Sie hatte ganz grässliche Zähne. Die waren so fleckig wie das Innere eines Schmalztopfes. Später fand man Skelette an dieser Stelle.*

Der alte Friedhof befand sich bis 1792 in der Dorfmitte, etwa 150 m hinterm Feuerwehrhaus links. Er ist heute bebaut.

Von der Goldenen Wiege *in „Dreibergen". Das waren einst drei Hügelgräber auf der Görslower Feldmark. Von der vielen Schatzsucherei sind nur noch zwei übrig geblieben.*

Die Hügelgräber Dreibergen

Dreibergen: Von Görslow die Landstraße Richtung Leezen. 300 m hinter der Gaststätte „Blick auf Schwerin“ links, etwa 100 m von der Straße entfernt.

Weitere Tipps

Naturschutzgebiet Görslower Ufer. 200 m breit und zehn km lang. Eichen- und Buchenmischwald, Lehrpfad mit Informationstafeln.

Großsteingräber im nahen Waldgebiet. Hier wurden ganze Familien und Sippen bestattet. Aus Raben Steinfeld kommend etwa 100 m hinter dem Ortseingangsschild in eine Betonstraße nach rechts. Bis zum Waldrand (große Eiche). Hier nach links ca. 300 m. Dann den Waldweg rechts nehmen. Nach 400 m liegt im Jungeichenbestand das Größte der Görslower Steingräber, ca. 40 m lang und fünf m breit.

Quelle am Ufer des Schweriner Sees. Hinter Görslow Richtung Raben Steinfeld

Für das leibliche Wohl

Gaststätte Blick auf Schwerin
19065 Görslow
Siedlung 5
Telefon: 03860 - 8035

Schloss Leezen

Leezen

Von Leezen am Ostufer des Schweriner Sees hat man eine gute Aussicht über den See bis nach Schwerin. Es ist seit Jahrtausenden besiedelt (zwei Hügelgräber aus der jüngeren Bronzezeit).

1325 wurde der Ort erstmals urkundlich erwähnt. Das Gutshaus (1850) wurde von Carl Detlef Evers im neugotischen Stil entworfen. Heute dient es als Wohnhaus. Die Hauben der vorgelagerten Ecktürme erhielten bei den Sanierungsarbeiten ein modernes Design.

Hinter dem Gebäude befinden sich ein englischer Landschaftspark und die Rehabilitations-Klinik Leezen mit öffentlichem Cafe.

1758 wurde südöstlich von Leezen eine Schäferei errichtet. Sie erhielt den Namen Christinchendorf. In den Jahren des Siebenjährigen Krieges war das abseits gelegene und von Wäldern verborgene kleine Schäferdorf des öfteren Zufluchtsort der Einwohner von Leezen und Panstorf.

Der Ort bestand allerdings nur etwa dreißig Jahre. Die letzten Fundamente der Häuser von Christinchendorf wurden zum Bau der Landstraße von Leezen nach Langen Brütz verwendet.

Die Schäferei lag zwischen Görslow und Leezen, östlich der Landstraße am Waldrand.

Blick auf den Christinchenweg. Im Hintergrund der Turm des Schweriner Domes.

Der Schäfer mit dem Teufelsfell *In Christinchendorf lebte ein Schäfer, in dessen Herde plötzlich ein stattlicher Bock ganz rebellisch wurde. Eines Nachts ging der Schäfer in den Stall. Da stürzte sich ein wilder schwarzer Widder mit funkelnden Augen auf ihn. Sofort hielt er dem rasenden Tier das Kreuz entgegen. Da erdröhnte die Erde, dass dem Schäfer die Sinne schwanden. Als er wieder zu sich kam, lag das schwarze Teufelsfell mit zwei goldenen Glöckchen an den Hörnern neben ihm.*

Die beiden Glöckchen brachte der Schäfer ins Zittower Gotteshaus. Das Fell aber behielt er und er wurde auch darin beerdigt. So konnte ihm der Leibhaftige im Leben und im Tod nichts anhaben.

Die Lindwurmstraße im See *Im Schweriner See haust ein Ungeheuer. Es sieht aus wie ein Lindwurm und besitzt einen Schweine- oder Affenkopf. Manche nennen es auf plattdeutsch „de Bost". Die Lindwurmstraße verläuft von Leezen nach dem Schweriner Schelfwerder hin. In ihr macht das Ungeheuer immer seinen Spaziergang. Wenn im Winter der See gefroren ist und der Lindwurm dort entlang zieht, türmt sich das Eis zu beiden Seiten auf. Solange er da hin- und her schwimmt, friert die Straße nicht zu. Hört man das Eis weithin auseinander krachen, sagen die Leute: „Dor smitt sik de Bost in!" (Da schmeißt sich die Bost rein!).*

Der Lindwurm soll auf der Insel Kaninchenwerder leben, andere sagen, im Berg auf dem Ziegelwerder. Auch da hätten die Leute gehört, wie die Bost in den See sprang.

Beide Inseln kann man von Leezen aus gut erkennen.

Die Wilde Jagd *haust zwischen Leezen und Langen Brütz. Ein Rademacher wäre reich geworden, hätte er den Worten der Frau Waur vertraut.*

Tipp

Badebucht. Nordwestlich des Ortes in einem geschützten Erlenbruch.

Für das leibliche Wohl

Schlosscafe Leezen

Schlosscafé
19067 Leezen, Schlossstraße 8
Telefon: 03866-470799

Leezener Hof. Gaststätte und Pension
19067 Leezen, Hauptstraße 4
Telefon: 03866 - 203
0171 - 7435677

Am Cambser See bei Langen Brütz

Langen Brütz

Bei Langen Brütz befanden sich drei bronzezeitliche Hügelgräber. Der Ortsname weist auf eine slawische Gründung hin. Die erste urkundliche Erwähnung der deutschen Siedlung stammt von 1335. Das Dorf musste mehrere Katastrophen verwinden. Am Ende des Dreißigjährigen Krieges waren die meisten Bauernstellen wüst, aufgegeben und verlassen.

Das Rittergut wurde schon 1923 in Bauernstellen und Büdnereien aufgeteilt.

Die Vorstufe einer Sage. An der Straße von Leezen nach Langen Brütz, ca. einen Kilometer vor dem Ort, führt rechter Hand eine tiefe Schlucht etwa 100 Meter in den Wald hinein. Die steilen Abhänge bildeten einst die Ausläufer des Cambser Sees, dessen Wasserspiegel sich senkte. Dabei entstanden der Kleine und Große Pohlsee sowie diese Schlucht. Im Volksmund heißt sie heute noch das Schiefe Ufer. Wer an diesen Hängen entlang wandert, gelangt bald zu einer Gabelung. Der südliche Weg führt zu einer Schlucht, die

Das Schwedenloch

sich an ihrem Ende ausweitet und einen verborgenen Winkel bildet. Das ist das „Schwedenloch".

Hier brachten in kriegerischen Zeiten die Langen Brützer Bauern ihr Hab und Gut in Sicherheit und lebten dort auch mit ihren Familien für längere Zeit, wenn es sein musste. So soll es auch im Jahre 1676 gewesen sein. Schwedische Truppen zogen auf ihrem Rückmarsch nach der verlorenen Schlacht bei Fehrbellin nach Wismar. In Langen Brütz machten sie Halt. Jedoch fanden sie nichts zu beißen und mitzunehmen. Aus Wut darüber steckten sie das ganze Dorf in Brand. Die Langen Brützer saßen sicher in ihrem Versteck. Sie mussten aber tatenlos zusehen, wie ihr Dorf in Schutt und Asche versank. Seitdem heißt die kleine Schlucht am Schiefen Ufer das „Schwedenloch".

Gutshaus Langen Brütz

Der Gutsherr mit dem verdrehten Kopf *Der Gutsherr von Pressentin war hartherzig, reich und geizig. Mit einem einfachen Leiterwagen jagte er über die Felder. Zur Bestrafung der Leute hielt er sich aber extra einen „Slüter" (Schließer, Kerkermeister). Der musste die Tagelöhner auspeitschen, wenn der Gutsherr glaubte, sie sich hätten gegen ihn vergangen. Eines Tages blieb der Leiterwagen auf einem abschüssigen Weg auf einmal stehen. Ungeduldig riss der Herr dem Kutscher die Peitsche aus der Hand und wollte ihn schlagen. Im selben Moment fiel der Gutsherr tot um und lag lang gestreckt auf dem Leiterwagen. Sein Kopf stand verkehrt herum. Den hatte ihm der Teufel umgedreht. Daran glaubten die Leute ganz fest.*

Weitere Tipps

Kirche. Sie ist ein einfacher neugotischer Backsteinbau mit quadratischem Turm. Sie wurde 1859 auf den Fundamenten eines Vorgängerbaues errichtet, an den nur noch eine Grabplatte von 1661 und die 1462 gegossene Glocke erinnern. Für den Stifter der Kirche, den Gutsbesitzer J.P.H. Diestel, und seine Familie wurde eine eigene, baulich interessante Grabkapelle geschaffen.

Damwildgehege. Nahe dem Landgasthaus Bondzio befindet sich ein drei Hektar großes Gehege mit Damwild (im Jahre 2005 zwanzig Tiere). Man erreicht das Gehege über den „Verlobungsweg" vom Landgasthaus in fünf Minuten.

Umgebung. Landschafts- bzw. Naturschutzgebiet. Im Verlandungsgebiet des Cambser Sees liegen westlich von Langen Brütz der Große und Kleine Pohlsee. Die Umgebung der Seen wird zu großen Teilen von einem Erlenbruchwald und Moorflächen eingenommen. Hier finden sich u.a. Kraniche, Schwäne, Wildgänse, Biber und Fischotter. Die Seen kann man über die Kleefelder Straße erreichen.

Naturlehrpfad. Ausgeschildert.

Archäologischer Lehrpfad (bei Kritzow)

Cambser See. Badestelle, mit abgetrenntem Nichtschwimmerbereich. Vom Ortsausgang Richtung Kleefeld hinterm Gutshaus.

Landhaus Bondzio

19067 Langen Brütz, Hauptstraße 21a, Telefon: 03866 - 46050

Hotel mit Waldglasmuseum. Park mit modernen Plastiken. Führungen/ Wanderungen in die Natur und zu archäologischen Besonderheiten.

Das Auge Gottes, von P. Bravo, 2002

Panstorf

Panstorf ist schon seit Jahrhunderten mit dem Gut Leezen verbunden, zuerst als Nebengut, später als Schäferei und zeitweise auch als Meierei. Ob der Name tatsächlich mit dem slawischen Wort „pana" (= Frau) zusammen hängt, ist nicht erwiesen. Nordwestlich des Ortes befindet sich das Neue Torfmoor.

Die Frau als Hase *In Panstorf lebte ein Tagelöhner, der hatte eine sehr eifersüchtige Frau. Nun geschah es fast immer, wenn er für seine Kuh Häckerling schnitt, dass ein Hase kam und um ihn herum Männchen machte. Suchte der Tagelöhner den Hasen zu verscheuchen oder ihn gar zu schlagen, traf er allemal sein eigenes Schienbein. Eines Tages aber nahm er die Forke. Der Hase bekam einen recht ungewaschenen Schlag. Da humpelte er davon. Zu Hause fand der Tagelöhner seine Frau im Bett und arg zerschlagen.*

Feld bei Panstorf

Am Cambser See bei Zittow

Zittow

Das Dorf liegt in einer geschützten Talsenke des Cambser Sees. Die Anfänge der Ortschaft gehen offenbar auf slawische Zeiten zurück. „Zittow" soll von „Zeithecow" oder „Zuttecow" kommen. Es wird vermutet, dass es sich um einen „Ort des Sutek" gehandelt habe. Der Sutek war ein slawischer Naturgott. Diese alte slawische Siedlung muss eine besondere Bedeutung gehabt haben, so dass sie zum kulturellen Mittelpunkt der ganzen Gegend werden konnte. Wo sich heute auf der Anhöhe die Kirche befindet, könnte in slawischer Zeit recht gut das geschützte Heiligtum gestanden haben. Diese Höhe war ursprünglich eine kleine Insel und verband sich erst allmählich durch Rückgang des Seespiegels bzw. durch langsame Vermoorung und Versandung des Zwischengeländes mit dem Festland.

Der Gutsherr als Leichenfledderer *In Zittow starb ein Tagelöhner. Seine Frau besaß noch das Geld, um ihm eine ordentliche Bestattung zukommen zu lassen. Sie versteckte es unter dem Kopf des Toten. Die Leiche wurde im Sarg in der Kirche aufgebahrt. Der Gutsherr wusste vom Versteck. Er schlich sich in die Kirche und wollte dem Toten das Geld unter dem Kopf wegziehen. Da griff dieser plötzlich zu und hielt den Herrn fest. Als die Leute kamen, konnten sie dem Gutsherrn nur helfen, indem sie ihm die Arme absägten. Die nahm der Tote mit ins Grab.*

Die spätromanisch-frühgotische Kirche von Zittow (13. Jh.), das erste Kirchgebäude dieser Gegend nach Einführung des Christentums in Mecklenburg.

Die Glocken von Zittow *Eines Tages hörten Kinder am Ufer des Cambser Sees bei Zittow, wie sich zwei große Steine mit Hanne Susanne und Äulglatt ansprachen. Dann verwandelten sie sich in Glocken.*

Ein reicher Bauer spannte sogleich vier Pferde vor seinen Wagen. Er wollte als erster am Ort sein und die Glocken nur für die Reichen aufladen. Als die Glocken auf dem Fuhrwerk standen und die Pferde anziehen sollten, fiel der Reiche vom Wagen, schlug mit dem Kopf gegen die Deichsel und war augenblicklich tot. Ein armer Bauer spannte die Pferde aus, dafür seine Ochsen ein und rief: „So, in Gotts Naam, vör arm und rik togliek!" (So, in Gottes Namen, für arm und reich zugleich!). Die Ochsen zogen die Glocken zur Zittower Kirche.

Im Jahre 1810 traf ein Blitzschlag die Zittower Kirche und ließ sie in Flammen aufgehen. Dabei zerschmolzen die beiden alten Glocken. Sie waren von zwei adligen Damen gestiftet worden. Nach ihnen hießen sie Äulgatt und Susanna, wird berichtet.

Am Cambser See bei Zittow

Weiterer Tipp

Der Cambser See ist bis zu 31 m tief, sein Wasser besitzt Trinkwasserqualität. Im See gibt es einen Barschberg, der seinem Namen alle Ehre macht. Weitere hier vorkommende Fischarten sind: Aal, Brasse, Flussbarsch, Güster, Hecht, Karpfen, Rotauge, Rotfeder, Schlei und Zander. Der gesamte See ist von einem Schilfgürtel umsäumt. In Zittow gibt es zwei Stellen, an denen man vom Ufer aus angeln kann.

Für das leibliche Wohl

Pension Am See. 19067 Zittow, Dorfstraße 31, Telefon: 03866–6272

Ehemaliges Gutshaus Rampe

Rampe

Rampe - zwischen Schweriner Außensee und Innensee gelegen - wurde erstmals im Jahre 1171 urkundlich erwähnt. Es gehört zu den ältesten Orten am Schweriner See. Der Gutshof Rampe oberhalb am Ostufer des Schweriner Sees ist in Resten erhalten. Im mehrfach überformten Gutshaus befindet sich jetzt das Amt Ostufer Schweriner See.

Eine Glocke wird gefunden *Ein kleines Mädchen hütete seine Gänse an einem Wasserloch. Dabei fand es eine Glocke. Der reiche Herr aus Rubow ließ vierzig Ochsen zusammen spannen, doch die Glocke bewegte sich nicht. Da kam ein armer Bauer mit seinen vier Ochsen und sagte: „Für arm und reich zugleich!" So konnte er die Glocke aus der Erde befreien.*

Wasserloch bei Rampe

Weitere Tipps

Naturschutzgebiet Ramper Moor.

Paulsdamm (Benannt nach Großherzog Paul Friedrich). Bis 1842 gab es diesen Damm noch nicht. Da war an dieser Stelle nur das unwegsame Ramper Moor. Zwei Jahre lang mussten die Bauern der Umgebung mit Wagen und Karren Erde zum Dammbau heranbringen. Als Unterlage für die Erdmassen und zur Stabilisierung des Straßendammes durch das Moor waren in dieser Zeit allein 3000 Fuder mit Faschinen (große Rutenbündel zum Befestigen des moorigen Untergrundes) heran zu transportieren. Es war für alle eine große Erleichterung, als der Paulsdamm fertig gestellt war.

Garten der Sinne im Diakoniewerk „Neues Ufer".

In der Nähe des Dorfes befindet sich ein diakonisches Heim für behinderte Menschen. Der Garten der Sinne, der auf dem Gelände des Diakoniewerkes entsteht, ist ein Projekt zur Erfahrung und Entfaltung der Sinne. Die im Sinnesgarten bisher realisierten Stationen wie der „Pfad der Füße", ein Duft- und Kräuterbeet, eine geflochtene Weidenhütte, ein Dendrophon, ein Springbrunnen mit Sitzgelegenheiten u.a. fördern auf vielfältige Weise die Wahrnehmung und Kommunikation.

Zum Diakoniewerk: Am westlichen Ortsausgang (Richtung Schwerin) führt eine Straße am Ufer des Schweriner Sees in Richtung Retgendorf (ein Wanderweg beginnt nordöstlich von Rampe). Nach 2,8 km erreicht man das Diakoniewerk.

Kapelle von Cambs

Cambs

Das Dorf war wahrscheinlich eine slawische Ansiedlung. „Kampa" oder „kempa" soll Flussinsel bedeuten. Tatsächlich besaß der Ort bis ins Mittelalter hinein eine feste Wasserburg. Reste der Fundamente sind im Cambser Gutsgarten nahe der Fischerwohnung am See noch sichtbar. Ob diese Burg auch der in der Sage genannte Raubrittersitz war, ist nicht sicher. Im 17. Jahrhundert wurden die Gebäude der alten Burg niedergerissen, nachdem ein neues Herrenhaus erbaut worden war.

Die Parkseite des Gutshauses

Das Räuberschloss *In Cambs stand früher ein großes Schloss. Der Herr war ein arger Räuber. Seinem Handwerk ging er aber so geschickt nach, dass niemand ihn überführen konnte. Am liebsten raubte er starke Menschen. Eine Weile steckte er sie in den tiefen Keller. Wenn sie sich schließlich mit ihrem Schicksal abgefunden hatten, ließ er sie für sich arbeiten. Dann erhielt er doch noch die gerechte Strafe – ein Blitz erschlug ihn.*

Der Weiße Bulle vom Bollengrund *Ein Mann aus Zittow jagte gern in den Wäldern am Cambssee. Seine Nachbarin war eine Hexe und neidisch. Als er wieder einmal jagte, verwandelte sie sich in einen großen schwarzen Bären und stellte sich ihm mitten in den Weg. Der Schuss des Jägers ging daneben. Er flüchtete in Todesangst auf eine hohe Eiche. Unten hörte er plötzlich ein fürchterliches Gebrüll und Gestampfe. Ein riesiger weißer Bulle stürzte auf den Bären zu. Mit seinen gewaltigen Hörnern forkelte er den Hexenbären, bis der kein Lebenszeichen mehr von sich gab. Dann verschwand er im Unterholz. Daher heißt die Senke am See Bollengrund.*

Zum Bollengrund: Nahe der Bushaltestelle in der Schweriner Straße gegenüber einbiegen in den Cambser Seeweg, dann nach rechts in den Zittower Weg. Er führt über den Bollengraben und ist bis zum letzten Grundstück mit PKW befahrbar. Hier führt ein Rad-/Wanderweg weiter. Nach ca. 300 m steht uferseitig ein Jagd-Hochstand, 100 m weiter liegt auf der rechten Seite des Weges hinter einer Abzäunung der Bollengrund an einem Abhang. Der Wanderweg führt weiter nach Zittow.

Am Bollengrund beim Cambser See

***Ein geheimnisvoller Reiter** repariert beim Gerichtsberg einem Kaufmann den Wagen.*

Zum Gerichtsberg: Etwa 300 m hinter dem Ortsausgang von Cambs (Richtung Rampe, B 104), noch vor dem Abzweig nach Zittow, rechts in einen kurzen schmalen, asphaltierten Weg einbiegen. Nach ca. 10 m dem Verlauf links folgen. 30 m weiter befindet sich ein kleines eingezäuntes Grundstück mit einem Teich. Etwa 200 m entfernt davon ist eine Anhöhe mit Baumgruppe: der Gerichtsberg. Rechts daneben steht ein Strommast. Der Gerichtsberg ist nicht begehbar, er liegt inmitten eines Feldes.

Blick zum Gerichtsberg

Landgasthaus Cambs
19067 Cambs
Schweriner Straße 6
Telefon: 03866 - 80798

Weißer See am Ortseingang rechts, aus Cambs kommend

Brahlstorf

Der Ort liegt in einer Hügellandschaft zwischen dem Schwarzen See (nördlich) und dem Weißen See (südwestlich). Er ist eine slawische Gründung und wurde in deutscher Zeit ein Gutsdorf. Im 18. Jahrhundert gab es hier Glashütten.

Das teuflische Wirtshaus *Im Brahlstorfer Krug hatte der Teufel das Sagen. Die Fiedel kreischte Tag und Nacht und sonntags wie wochentags. Einmal fuhr dort ein Wagen mit einem Sarg vorbei. Einer vom Trauergefolge ging in den Krug und bat darum, mit der Musik einzuhalten. Er wurde ausgelacht und hinaus geschmissen. Da sprengte ein Reiter in einem roten Mantel heran. Er befahl den Leuten im Krug eine Pause. Auch ihm wiesen sie die Tür. Nach einer weiteren Stunde erschien ein Mann in langen, weißen Kleidern. Er prophezeite der übermütigen Gesellschaft den Untergang, wenn sie nicht sofort Ruhe gäben. Die Gäste schmissen nach ihm, was ihnen in die Finger kam. Aber als der Mann gegangen war, versackte der Krug mitsamt den Leuten in der Erde und es bildete sich der Schwarze See.*

Die Flachsspinner *Unterirdische halfen einer Frau beim Flachsspinnen. Sie aber ließ sich von einer Nachbarin aufhetzen und vergraulte die Zwerge.*

Zum Schwarzen See: In Brahlstorf die Ringstraße nehmen; nach etwa 200 m in den Seitenweg abbiegen; 100 m weiter liegt der Schwarze See.

Schwarzer See

Des Teufels Goldene Wiege *Im Erlenbruch am Weißen See vor Kleefeld liegt eine goldene Wiege. Der Teufel persönlich schützt sie vor dem Zugriff der Menschen. Nur in der Osternacht darf nach ihr gegraben werden, aber unter vollkommenem Schweigen. Einmal machten sich zwei Tagelöhner an die Arbeit. Das Gold blinkte ihnen schon entgegen. Durch einen Schreck aber entfuhr ihnen ein Wort und die Goldene Wiege verschwand.*

Weiterer Tipp

Bruchmühle – Werkstatt für Kultur Volkmar Kurkhaus, 19260 Vellahn, Brahlstorfer Str. 5, Tel.: 038848-21 226

Die Bruchmühle wurde 1610 das erste Mal erwähnt. 1840 erhielt sie ihr jetziges Aussehen. 1880 ersetzte eine Turbine das ursrünglich oberschlächtige Wasserrad. Seit 1984 wird sie als „Kulturmühle" genutzt. Erhalten geblieben ist die Technik der Kornmühle. Das Gebäude wurde liebevoll restauriert und modernisiert.

Zum Gutshof, Restaurant

Kleefeld bei Cambs
19067 Kleefeld/ Cambs
Langenbrützer Weg 2
Telefon: 03866 - 400 322
Fax: 03866 - 400 323
E-mail: info@gutshof-kleefeld.de
Internet: www.gutshof-kleefeld.de
Pizza, Pasta u.a.m.
Jedes letzte Wochenende im Monat „Wild-Wochenende"

V. Entlang der Warnow

Die Warnow wird bis zum Ostseehafen Rostock-Warnemünde zu einem beachtlichen Strom. In unserem Raum ist sie teilweise ein schmaler Bach, fließt ruhig und bedächtig durch malerische Landschaften, nur manchmal wird sie zum rauschenden Fluss. Sie durchbrach mehrere Hügelketten und bildete wildromantische Durchbruchstäler. Riesige Buchen überwölben mit ihren Kronen manchmal den Fluss. In der oft unberührten Natur leben viele sonst selten anzutreffende Pflanzen- und Tierarten.

In der Gegend zwischen Kritzow und Zaschendorf liegen außergewöhnlich viele Hügelgräber, damit einher geht die verhältnismäßig hohe Zahl an Sagen.

Forstscheune

Gädebehn

Gädebehn liegt in einem Durchbruchstal der Warnow mit seiner wundervollen Umgebung. Siedlungsgebiet war es schon in der älteren Bronzezeit. Drei Hügelgräber mit Schmuck aus Gold und Bronze wurden hier entdeckt. Im 17. Jahrhundert erhielt der aus Sachsen stammende mecklenburgische Hofdichter Andreas Mylius das Gut vom Herzog zum Geschenk. Begeistert bedichtete er die Schönheit des Warnowtals.

Magdalenberg, auch Viehberg genannt, rechts

Der Teufel holt sich eine Braut *Der Schäfer von Gädebehn wollte Hochzeit machen. Seine Braut Magdalene diente in Crivitz auf dem Amt, hatte dabei aber auch andere Bekanntschaften gemacht. Als sie nun zur Trauung nach Crivitz fuhren, fragte sie der Schäfer, ob sie ihm immer treu geblieben wäre. Das beschwor sie auch und hielt dem Bräutigam einen Kirchstock mit einem eingeschnittenen Kreuz hin. „De Düwel sall mi halen, wenn ik di nich tru bläwen bün!" (Der Teufel soll mich holen, wenn ich dir nicht treu geblieben bin!)*

Da sauste der Teufel heran, griff sich die Braut und fegte mit ihr nach oben. Geistesgegenwärtig warf ihm der Schäfer den Kreuzstock in den Rücken. Vor Schreck ließ der Teufel das Mädchen fallen. Zu Füßen der Eiche auf dem Viehberg stürzte sie tot herunter.

Der Viehberg ist ein Zauberberg. Wer auf den Viehberg geht, muss nach jungen Fichten Ausschau halten. Findet er eine, die im Wipfel einen Knoten hat, der noch frisch und grün ist, wird er ein langes Leben haben.

Der Viehberg oder Magdalenenberg liegt am Ortsausgang Richtung Crivitz rechter Hand. Die uralte Eiche mit einem großen runden Loch durch den Stamm wurde 1860 von einem Blitz zerstört.

Der Griff des Toten *In Gädebehn war ein Mann gestorben. Seine Frau bat den Gutsherrn, er solle ihr helfen, ihn zu Grabe zu bringen. Der lehnte aber ab und drohte mit der Peitsche. So musste sie ihre einzige Kuh verkaufen. Dann ging sie zur Stadt, um für die Beerdigung einzukaufen. Das restliche Geld legte sie dem Toten unter den Kopf. Der Gutsherr ging in ihr Haus und wollte dem Mann das Geld unter dem Kopf wegziehen. Da griff der Tote nach seinem Arm und hielt ihn fest.*

Leute kamen und mussten schließlich den Arm des Toten absägen. Da aber hielt der Tote den Mann mit seiner anderen Hand fest. Die Knechte bekamen es mit der Angst zu tun und liefen davon. Am anderen Tag war der Gutsherr auch tot.

Die Hoftagelöhner besaßen oft nicht einmal die Mittel zur Ausstattung einer Beerdigung. Im allgemeinen war dazu der Gutsherr verpflichtet. Doch der zeigte selten genug Respekt vor den Toten. Mittellose Hinterbliebene mussten dann ihr Vieh verkaufen, um dem Verstorbenen eine würdige Beerdigung zu ermöglichen. Das dafür verwendete Geld hätten sie dringend selber zum Leben gebraucht. Ein unvorhergesehener Todesfall konnte so die ganze Familie in tiefes Elend stürzen.

Weitere Tipps

Naturlehrpfad an der Warnow

Forsthof Gädebehn

(an der Warnow)

Die Scheune ist ca. 200 Jahre alt. Vor dem Forsthof sind die „Bäume des Jahres“ gepflanzt. Daneben ist „Das Leben der Steinhaufen“ dokumentiert (Steine wurden über Generationen hinweg von den Feldern gesammelt, um die Bewirtschaftung zu ermöglichen. So entstanden allerorts Steinhaufen. Sie fielen dann der Flurbereinigung zum Opfer). Neben dem Steinhaufen steht die Holz-Skulptur „Förster“ von 2004.

Jedes Jahr im Mai findet ein Waldfest mit Erlebnisstationen für die ganze Familie statt.

Holz-Skulptur „Förster“

Die Warnow mit Fischtreppe am Ortseingang von Kladow

Kladow

Der Ort war schon in vorgeschichtlicher Zeit besiedelt. Der Name stammt möglicherweise aus dem slawischen Wort Kloda, was so viel wie Klotz, Baumstumpf bedeutet. Wälder hat es hier zu allen Zeiten gegeben. Das Dorf (Ersterwähnung 1317) liegt an der Warnow und wird allein durch den Fluss von Gädebehn getrennt. Im Mittelalter führte hier der Hauptlandweg von Schwerin nach Rostock vorbei. Er wurde von zahlreichen Pilgern auf ihrer Wallfahrt nach Sternberg genutzt.

Die alte Kirche aus dem 14. Jahrhundert wurde 1780 im klassizistischen Stil verändert. Nach 1806 mussten durch französiche Truppen verursachte große Schäden beseitigt werden.

Vom Spuk auf dem Friedhof *Im Pfarrhaus erhängte sich mal jemand auf dem Dachboden. Seitdem spukt es dort. Den Selbstmörder beerdigten die Kladower unvorsichtigerweise auf dem Friedhof. Damit verursachten sie ein unheimliches Gewese. Einmal im Jahr öffnen sich die Gräber, und die Toten erheben sich zum Leichenzug. Der Selbstmörder liegt auf dem Leichenwagen. Sieben Nächte lang umrunden sie den Friedhof und verschwinden dann wieder in den Gräbern.*

Der Mädchenmord *Ein Jäger ermordete seine schwangere Geliebte. Er wurde an der Mauer des Kladower Friedhofs begraben und fand im Tode erst Ruhe, als das Holz aus der Vorbecker Streiteiche zur Kirchenreparatur benutzt wurde (s. Vorbeck).*

Die Totenstimme aus der Warnow *Ein Knecht sollte den Sarg mit seinem verstorbenen Bauern in die Kladower Kirche bringen. Während der Fahrt schlief der Knecht ein. An einer unwegsamen Stelle bei der Brücke kippte der Ochsenkarren um, der Sarg öffnete sich und der Verstorbene rutschte in die Warnow. Der Knecht richtete den Ochsenkarren mit viel Mühe auf, stellte den leeren Sarg darauf und brachte ihn zur Kirche. Seit dieser Begebenheit ruft bei Vollmond eine dunkel klingende Stimme aus der Warnow: „Nimm mich mit, nimm mich mit!“*

Weiterer Tipp

Gutshaus Kladow. Es befand sich um 1860 im Besitz des bekannten Schweriner Weinhändlers Johann Uhle. 1901 brannte es nieder, an seiner Stelle entstand das heutige Gebäude.

Häuser in Augustenhof, die dem ehemaligen Gutshaus gegenüber liegen

Augustenhof

Augustenhof liegt romantisch an der Warnow und ist von Wald umgeben. Das Gut ist eine Gründung aus dem 17. Jahrhundert. Der Besitzer am Ende des 18. Jahrhundert muss seine Frau sehr geliebt haben, er gab dem Ort ihren Namen.

Die Reste dse Gutshauses

Die kleine Frau im Pferdestall *Wenn auf dem Gut in Augustenhof die Knechte ihre Arbeit im Pferdestall beendet hatten, kam eine kleine Frau mit einer Laterne in der Hand. Sie sah alles nach und prüfte, ob die Pferde auch genug Wasser und Futter bekommen hatten und ob richtig eingestreut war. Wenn etwas nicht in Ordnung war, dann wurde sie fünsch. Die Knechte fürchteten ihren Zorn. So arbeiteten sie immer sorgfältig, und den Pferden erging es gut.*

Zum ehemaligen Gutshaus: Das Gebäude selber ist nicht mehr vorhanden. Bei der Bus-Wendeschleife befindet sich der Rest des Eingangstores.

Ortsausgang Augustenhof mit der Brücke über die Warnow

Die Räuber an der Brücke *An der Brücke über die Warnow bei Augustenhof hauste früher eine Räuberbande. Über die Brücke spannten sie eine Kette. Und diese verbanden sie mit einer Glocke in der Höhle. Wenn die läutete, gaben die Räuber den Reisenden einen heißen Empfang.*

Schloss Basthorst, heute Hotel und Restaurant

Basthorst

Das Sackgassendorf Basthorst entstand nach dem 1824/25 erbauten Gutshof Basthorst. Die Anlage als Gutsdorf mit den ehemaligen Tagelöhnerhäusern beidseitig der Dorfstraße ist bis in die heutige Zeit erhalten. Die Geschichte der Schloss- und Gutsherrn ist hochinteressant. Der Erbauer des Schlosses, Ernst Johann Wilhelm von Schack, gründete z. B. die Schweriner Ersparnisanstalt (Sparkasse) und eine Schifffahrtsaktiengesellschaft, befasste sich mit einer modernen Straßenbefestigung in Mecklenburg und gleichzeitig mit Plänen zur Durchschiffung Panamas. Ein anderer Besitzer, Dr. Karl Tust, arbeitete für den Bayer-Konzern und war an der Giftgasproduktion im 1. Weltkrieg beteiligt. Der Margarinefabrikant und Schöpfer der ersten deutschen Walfangflotte Walter Rau führte hier eine hochmoderne landwirtschaftliche Kreislaufwirtschaft ein. Zu DDR-Zeiten befanden sich im Schloss eine Kurklinik und ein Zentrum für den Katastrophenschutz.

Spuk im Rehhagen *Am Basthorster Acker beim Rehhagen (heute Augustenhof) spukt es. In der Nähe wohnte der Tischler Herloff. Der sah, mitten in der Nacht brannte da ein großes Feuer. Er wusste, was es zu bedeuten hatte. Als in einer Nacht wieder einmal das Feuer brannte, waren der Dorfschneider und ein Mann aus Kladow gerade unterwegs. Der Schneider kletterte auf die Wegböschung, um besser* *sehen zu können. „Kiek, wat´n Füer!" (Schau, was für ein Feuer!) rief er. Der Kladower entgegnete ihm: „Ich bleibe unten auf dem Weg. Da kann es mir nichts tun!"*

Zum Basthorster Acker: Von Basthorst Richtung Gädebehn ca. 600 Meter hinterm Ortsausgang rechts in den Weg am Waldrand einbiegen.

Die Wetterhexe *Im Nachbardorf Venzkow war eine Alte, die konnte das Wetter behexen. Wenn einer im Dorf ihr nicht passte, ging sie auf den Donneracker, der liegt gleich am Weg nach Basthorst und hexte das kräftigste Gewitter herbei. Den Bauern von Venzkow und Basthorst wurde so manches Mal die Ernte verhagelt. Ein Jäger wollte der Alten das Handwerk legen. Er schoss in die dunkelste Wolke hinein. Da gab es einen fürchterlichen Schrei, und die Hexe fiel mit verwundeter Schulter um. Seitdem hatten die Leute von Venzkow und Basthorst wieder normales Wetter.*

Das Ochsenauge

Vom einäugigen Fisch

Ein Mann angelte am Ochsenauge bei Basthorst. Er fing einen Fisch, der nur ein Auge besaß. Das kam ihm merkwürdig vor, und er wollte ihn schon wieder ins Wasser werfen. Dann nahm er ihn aber doch mit. Als er zu Hause ankam, hörte er eine Stimme, die rief laut und eindringlich: „Eenog, Eenog!" (Einauge, Einauge!). Damit konnte nur sein Fisch gemeint sein. So schnell wie möglich lief er zum Wasser zurück und warf den Fisch hinein. Dann wurde es still.

Weitere Tipps

Schloss Basthorst. Das ursprünglich klassizistische Schloss erhielt mehrere Anbauten. Es wurde sorgfältig restauriert und ist jetzt ein reichlich mit Gemälden ausgestattetes Hotel mit Wellnessbereich. An der Zufahrt stehen die zwei Skulpturen der Rosse bändigenden Obotriten, wie wir sie vor dem Schweriner Schloss finden – in Basthorst allerdings als Zinkabgüsse der Werkstattmodelle. Ihr Schöpfer war der Rostocker Bildhauer Christian Gentschow (1814 – nach 1881).

Brennhaus der Gutsanlage. Heute Gemeindezentrum.

Mammutbäume. In der Nähe östlich von Basthorst, Richtung Venzkow.

Schlosspark. Am Glambecksee.

Das Gutshaus entstand 1912 auf den Fundamenten eines älteren Gebäudes.

Vorbeck

Vorbeck (Ersterwähnung 1317) liegt am oberen Warnowtal an einem alten Flussübergang. Besiedelt ist es schon seit Jahrtausenden (zwei Hügelgräber aus der Bronzezeit). Der Ortsname geht auf das Mittelniederdeutsche „vere" (Fähre/Überfahrt) und „beke" (Bach) zurück und bedeutet Fährbach. Der Ort war bis 1798 Bauerndorf, wurde dann gelegt und wüst, nur die Kirche blieb. Auf dem Bauernfeld entstand eine Meierei, später ein eigenständiges Gut mit dem heutigen Herrenhaus. Die Häuserzeile waren Gutsarbeiterkaten. Heute ist es vor allem eine Stätte aktiver Freizeitgestaltung für Touristen. Der ehemalige Gutshof wurde saniert. Es entstanden Ferienwohnungen und ein Wasserwanderrastplatz mit Kanuverleih. 2002 wurde der Golfplatz „WINSTONgolf" eröffnet. Der Reitstall am WINSTONgolf mit Pension rundet das touristische Angebot ab.

Ein Landrat als Schimmelreiter *Zwei Brüder konnten sich nicht über das Erbe einigen. Vor allem ging es um ein Stück Land zwischen Wendorf und Vorbeck. Schließlich wurde es geteilt. Die Grenze wollte aber keiner anerkennen. Der eine von beiden, der Landrat geworden war, verschob sie heimlich zu seinen Gunsten. Nun muss er zur Strafe dort auf einem Schimmel entlang reiten und rufen: „Hier geiht de Scheid!" (Hier verläuft die Grenze!)*

Zum Scheidegraben: Von Vorbeck Richtung Basthorst/ Augustenhof etwa 500 Meter hinter dem Dorfende am Waldrand.

Die Kirche, ein frühgotischer Ziegelbau (um 1317), liegt nördlich des Dorfes auf einem Hügel.

Der Mädchenmord *Ein Jäger des Gutes Kritzow hatte eine Liebschaft mit dem Mädchen Margarethe vom Gut Kladow. Sie ward von ihm schwanger. Da ermordete er das Mädchen in den Vorbecker Tannen. Man beerdigte sie auf dem Friedhof in Vorbeck. Von Gewissensqual gepeinigt, erschoss sich der Jäger. Er wurde an der Mauer des Kladower Kirchhofs beerdigt. Alle sieben Jahre, am Margarethentag, stand er auf, um zu dem Grab des Mädchens zu gehen. Er fand erst Ruhe, als die Streiteiche vom Scheidegraben zwischen Vorbeck und dem Rehhagen zum Bau der Kirche von Kladow verwendet wurde.*

Besonderer Tipp. Gutshaus Vorbeck. Ferienwohnungen, Finnhütten und Wasserwanderrastplatz. Kanu- und Fahrradverleih mit Transportservice. Campingwiese, Grill- und Lagerfeuerplatz.

Weitere Tipps

Dorfkirche

Informationen und Führungen: Kirchgemeinde Pinnow
Tel. 03960 – 531 oder Edith Gerung, Tel. 03886 - 8825

Reitstall Pferdepension, Mietboxen, Reitunterricht durch erfahrene Reitlehrer, Kutsch- und Kremserfahrten und geführte Ausritte. Überdachte Reithalle.

WINSTONgolf 18 Loch WINSTONplatz, 9 Loch KRANICHplatz, Übungsanlage, Golfschule und Golfshop.
RESTAURANTkranichhaus täglich geöffnet.

Für das leibliche Wohl

WINSTONgolf GmbH – RESTAURANTkranichhaus
19065 Vorbeck, Kranichweg 1
Telefon: 03860 - 5020, Fax: 03860 - 502222
E-mail: info@winstongolf.de
Internet: www.winstongolf.de

Gutshof Vorbeck
19065 Vorbeck, An der Warnow 1
Telefon: 03860 - 502996

Großsteingrab, „Hünenbett", mit aufrecht stehendem „Wächterstein" an der Stirnseite. Etwa 5000 Jahre alt.

Kritzow

Der Ort ist seit Jahrtausenden besiedelt. 19 Hügelgräber sind in seiner Nähe bekannt. Sie liegen nördlich des Dorfes bis hin zur Warnow (Archäologischer Lehrpfad). Die zehn bis fünfzehn Meter breiten Erdhügel sind mit Buschwerk und Bäumen bewachsen. Sie dienten in der jüngeren Vergangenheit oft als Ablageplatz für Feldsteine. Vom südlichsten Grab, dem Galgenberg, wurde durch Kiesgewinnung ein Teil abgetragen. Zu deutscher Zeit war Kritzow von Anbeginn ein reiner Rittersitz mit Wirtschaftshof (Ersterwähnung 1249). Das dazu gehörende Bauerndorf war Vorbeck.

Der ritterliche Hof lag ursprünglich südlich des Hofsees. Er war geschützt durch einen Wassergraben, der vom Hofsee gespeist wurde. Für die Bewohner war ein Wohnturm errichtet worden. Er ist als Turmhügel noch heute im Gelände erkennbar. Die alte Hofanlage im Gelände soll rekonstruiert werden.

Kritzow gehörte zu den Dörfern, in denen sich nach dem Zweiten Weltkrieg Flüchtlinge aus den ehemaligen deutschen Ostgebieten neu ansiedeln konnten. Das Land des Großgrundbesitzers wurde in der Bodenreform aufgeteilt und an diese Familien übergeben. Vor allem am Richenberger Weg errichteten sie ihre Neubauernstellen.

Gutshaus Kritzow

Vom Siebten Buch Mose *Ein Gutsbesitzer von Kritzow kaufte sich eine Sklavin. Sie hieß Brünnel und diente ihm lange Jahre. Die Frau besaß das Siebte Buch Mose. Eines Nachmittags erzählte sie dem Stellmacher , dass sie das Buch nun vollständig gelesen hätte und wüsste, am selben Tag zwischen sechs und sieben Uhr würde sie sterben. Er solle einen geeigneten Sarg finden. Und so geschah es. Der Knecht Brünning brachte das Buch an sich. Und auch er wusste seitdem, wann seine Stunde schlagen würde. Als er eines Tages erkrankte, aß er noch eine große Schüssel Bratkartoffeln auf. Die waren sein Lieblingsgericht. Mit dem letzten Bissen verstarb er.*

Die Geistereule *In den Weiden am Feldweg von Kritzow zur Richenberger Mühle flog im Dunkeln eine Eule umher und erschreckte die Leute mit allerlei Schabernack.*

Der genannte Feldweg ist jetzt der Naturlehrpfad zwischen Kritzow und Karnin.

Der Tod des grausamen Gutsherrn *Ein Gutsherr in Kritzow schlug die Tagelöhner grausam. Einen prügelte er einmal zu Tode. Die Leute begannen, dem Toten ein ordentliches Begräbnis zu bereiten und ließen auch ein Kreuz anfertigen. Geld hatte der Mann aber nicht gehabt. So verkauften sie seine Kuh. Der Gutsherr tobte und wollte das Geld für sich haben. Da fingen die Leute den hartherzigen Mann und sperrten ihn ein – sieben Wochen lang. Dann war auch er tot.*

Weitere Tipps

Waldfriedhof/Mausoleum. 1925 von den letzten Besitzern des Gutes angelegt. Dort errichteten sie ihrem verstorbenen Sohn ein beeindruckendes Mausoleum. Auf den Grabsteinen des Friedhofs findet man viele Familiennamen, die ihren Ursprung in Ostpreußen und Hinterpommern haben und von den Umsiedlern stammen.

Zum Waldfriedhof: Von Kritzow Richtung Weberin, ca. 500 m hinter dem Ortsausgang links in den Wanderweg einbiegen (Archäologischer Lehrpfad). Der Friedhof grenzt an den Wanderweg (blaue Markierung, etwa 300 m).

Archäologischer Lehrpfad, 7 km lang. Ausgeschildert. Die Wanderroute führt zu vielen interessanten geschichtlichen, landschaftlichen und natürlichen Besonderheiten. Auf dem Weg liegen drei Biberburgen und ein 78 m hoher Aussichtspunkt mit Schutzhütte. Auf dem Lehrpfad findet man:

Großsteingräber aus der Jungsteinzeit
Hügelgräber aus der Bronzezeit (1800 bis 600 v.u.Z.)

Achtung: Der Müsselmower Sagenort Plessenstein ist nur über den bei Kritzow einsetzenden Archäologischen Lehrpfad erreichbar.

Glasermoor (ehemalige Glashütten im 17. und 18. Jahrhundert)
Besondere Pflanzen im Glasermoor: Moorbirke, Erle, zahlreiche Gräser, Schilf, Seggen, Sumpfcalla, Gelbe Sumpfiris, schmalblättriges Wollgras.

Biberburg im Glasermoor

Wanderroute Kritzow – Weberin – Wendorf. Auf dieser Strecke gelangt man zum Frauensee, der von zahlreichen Wasservögeln bevölkert wird. An den sumpfigen Teilen findet man neben der Wasseriris und der Sumpfcalla den sehr seltenen Fieberklee. Am Ufer haben sich Biber angesiedelt. Beim See befindet sich eine der in dieser Gegend seltenen slawischen Höhenburgen.

Archäologischer Lehrpfad Kritzow

Ausschnitt des Lageplans aus dem Faltblatt.

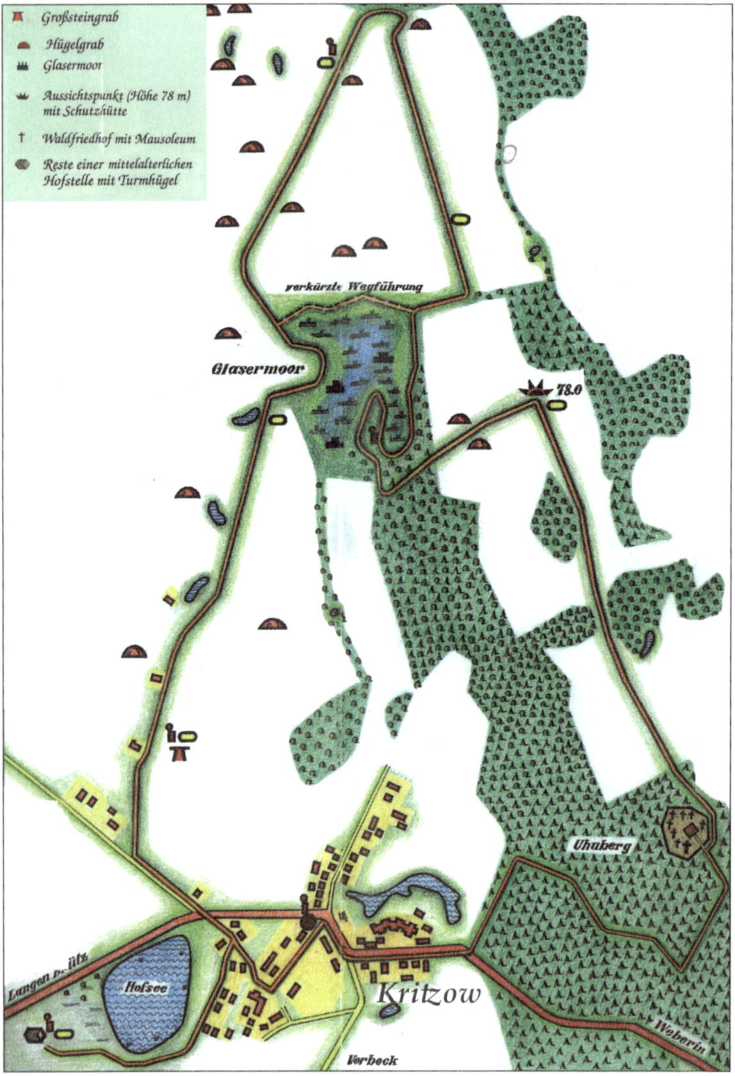

Nahe der Naturschutzstation: Neben dem Wohnhaus ist das Gehöfttor des alten Anwesens erhalten

Karnin

Karnin liegt direkt an der Warnow im Naturschutzgebiet Warnowtal, einem Kleinod der mecklenburgischen Landschaft. Ein Erlenwald zieht sich entlang des Flusslaufes. Zu beiden Seiten befinden sich Trockenhänge und Feuchtwiesen, Buchenaltholzbestände, Moore, Erlenbrüche und Grünland. Hier erlebt man die Endmoränenlandschaft Mecklenburgs an einer ihrer schönsten Stellen.

Die einstige Burg Richenberg bei Karnin und die Wassermühle haben eine dramatische mittelalterliche Geschichte. Die Burg entstand am rechten Warnowufer im Gefolge der ersten Landesteilung Mecklenburgs (1227). Sie war für drei Jahrzehnte Residenz des Fürsten Pribislaw, Herr von Parchim-Richenberg. Dieser förderte den Wohlstand seines Landesteils vor allem durch Heranziehung neuer Ansiedler, stieß auf mancherlei Widerstand und hatte ständig Auseinandersetzungen mit der Stadt Parchim. Schließlich verfeindete er sich mit ihr, verließ die Stadt und baute sich hier, an der Nordwestgrenze seines Landes, am steilen Warnowufer die Burg Richenberg. Deutsche Ansiedler erkannten den Reichtum des Warnowtals, nutzten den Schutz der Burg, ließen sich hier nieder und bauten auch bald die erste Mühle. Pribislaw verlor 1255 sein Besitztum im Kampf mit dem Schweriner Bischof, den er einst auf Richenberg gefangen gesetzt hatte und der später wiederum ihn gefangen nahm. Die Brüder Pribislaws und der Graf von Schwerin teilten sich das Eigentum.

Die Burg verfiel. Von ihren Überresten ist eine genaue Kunde nicht erhalten. Man nimmt an, dass die Fundamente der Mühle und ihrer Wirtschaftsgebäude aus Steinen der Burg erbaut wurden.

Das Dorf Karnin entstand erst nach 1784, nachdem der Cambser Gutsherr das alte Canin (bei Brahlstorf) gelegt hatte und einige Bauern hier ansiedelte. Die neue Ortschaft nannten sie zunächst Neu Karnin.

Das Bindeglied zwischen Burg und Dorf war die von den deutschen Ansiedlern gebaute Richenberger Mühle (1317 Ersterwähnung) nahe der Burg. Ihr wurden die Bauern der Umgebung als so genannte Zwangsmahlgäste zugewiesen. Sie wurde im 30-jährigen Krieg stark zerstört und am anderen Ufer der Warnow wieder aufgebaut. Die Mühle war bis Mitte 1950 noch in Betrieb und wurde durch ein mächtiges Wasserrad angetrieben.

Eigenartiger Weise sind (bis jetzt) keine Sagen bekannt, die mit Burg und Mühle zusammen hängen.

Reste der Richenberger Wassermühle

Der Schlangenfänger von Richenberg *Einst ging ein Mann von Richenberg nach Langen Brütz. Die Leute waren in der Heuernte. Der Mann sah, dass sie dort viele Schlangen hatten und sagte er könnte sie fortschaffen. Der Gutsherr kam und war auch einverstanden, dafür zu zahlen. Der Mann sagte aber zu ihm: „Wegbringen kann ich die Schlangen jetzt, aber wenn der dritte Herr über das Gut kommt, dann kommen sie wieder.“ Er erhielt zehn Taler in die Hand gezählt, nahm seine Flöte und blies eine Melodie. Da krochen alle Schlangen hinter dem Mann hinterher. Als aber das Gut in die dritte Hand kam, fanden sie sich alle wieder ein.*

Die Naturschutzstation Karnin mit der großen Winterlinde vor dem Eingang

Weitere Tipps

Naturschutzstation Karnin, 19067 Cambs. Tel.: 03866 - 470 782, Fax: 038423 - 54901, E-Mail: verkehrsverein_schweriner_see@t-online.de, www.schwerinersee.de

Ein ehemaliges Bauernhaus, in dem sich der Wanderer umfassend über die Fauna und Flora im Tal der Warnow informieren kann. Als gemeinnützige Einrichtung steht sie u.a. Fachgruppen der Naturschutzverbände, Forschungsgruppen, Vereinen, Gruppen und vor allem Schulklassen als Informations- und Schulungsobjekt offen. Im Haus gibt es 24 Übernachtungsmöglichkeiten, Küche, DU/WC, einen Tagungsraum. Auf dem großen Freigelände sind ein Grillplatz mit Sitzgruppe und ein Volleyballplatz. Von der Station führen beschilderte Wege und Tafeln durch das Warnowtal.

Richenberger Mühle. Am Ende des Dorfes führt im Bereich einer Fischtreppe und eines Wehres eine kleine Brücke über den Flusslauf zum anderen Ufer. Hier sieht man die Reste der ehemaligen Wassermühle, und zwar die alte Wasserführung und Fundamentreste.

Burg Richenberg. Von der Burganlage blieben lediglich wenige sogenannte Kulturreliktpflanzen, verwilderte Obstbäume und Gartenkräuter, auf dem hochgelegenen Burgplateau erhalten. Den Richenberg im Sinne eines Berges gibt es nicht. Sein Flurname ist Schlossberg.

Mühlenwege. Nördlich (von Kleefeld) und südlich (von Kritzow) kommend. Durch den Jahrhunderte währenden Verkehr mit den schweren Bauernwagen sind sie tief ausgefahren und zeigen sich noch heute als beachtliche Hohlwege.

An der Straße Müsselmow-Zaschendorf: Der außergewöhnlich große, 22 t schwere Findling ist ein gesetzlich geschütztes Geotop. Er entstand vor ca. 1,45 Mrd. Jahren, wurde von Gletschern aus Schweden mitgerissen und vor ca. 17 000 Jahren in der Nähe abgelagert.

Müsselmow

Müsselmow hat eine dramatische Geschichte und ist reich an Sagen. Das Dorf nahe dem Naturschutzgebiet Holzendorfer See war eine der ältesten slawischen Siedlungsstellen in Mecklenburg. Schon im 7. Jahrhundert bauten die Slawen hier einen Burgwall. Er lag auf einer Insel inmitten des Flüsschens Goewe, einem Nebenarm der Warnow. Später errichteten die Ritter von Plessen an dieser Stelle eine ebenfalls durch Wall und Graben geschützte Wasserburg. Die Plessens waren in ganz Mecklenburg als gefährliche Straßenräuber und gewalttätige Herren bekannt. Sie verkauften ihre Bauern samt Hof, Inventar und Familie, lagen ewig im Streit mit ihren Verwandten und Bekannten und machten auf ihren Gütern eifrig Gebrauch vom Knotenstock. Die Raubburg wurde vermutlich um 1400 zerstört. Danach entstand hier ein schlossähnliches Herrenhaus. Das Gut gehörte den Plessens etwa ein halbes Jahrtausend. Durch dieses Adelsgeschlecht erhielten etliche Sagen einen dramatischen Charakter.

Dann wechselten die Besitzer des Gutes häufig, bis es 1911 an den aus Berlin stammenden Rittmeister Albert von Schlick kam. Der letzte Schlick auf Müsselmow, im Zweiten Weltkrieg Stadtkommandant von Athen, als Mitwisser des Attentats vom 20. Juli degradiert, wurde durch die Bodenreform 1945 enteignet. Einen Kompromiss hatte er abgelehnt.

Das Herrenhaus, ein neogotischer Bau, wurde nach 1945 in seiner Fassadengliederung stark vereinfacht. 2007 wurde es abgerissen. Hinter dem früheren Gutshaus befindet sich ein verwilderter Park .

Das ehemalige Gutshaus vor dem Abriss 2007 (inks). Der Rest des Gutshofes: Der Turmspeicher an der Dorfstraße. Er wird gegenwärtig wieder aufgebaut und dient als kirchliche Begegnungsstätte für Jugendliche.

Ein Schäfer erschlägt seinen Herrn *Dem hartherzigen und bei seinen Leuten verhassten Herrn von Plessen auf Müsselmow gefiel die Frau des Schäfers. Sie suchte Schutz bei ihrem Mann. Da wollte der Herr den Schäfer umbringen. Doch dieser erschlug ihn mit seinem Schäferstab und begrub ihn an der Grenze nach Kritzow. Auf die Grabstelle wälzte er einen großen Stein. Das ist der Plessenstein. Der erschlagene Herr von Plessen reitet seitdem in jeder Nacht auf seinem Schimmel an der Kritzower Scheide entlang.*

Der Plessenstein ist von Müsselmow aus auf einer normalen Wanderung nicht erreichbar. Er befindet sich auf dem Archäologischen Lehrpfad beim (von Kritzow aus gesehen) zweiten Großsteingrab nahe der Warnow. Er liegt direkt auf dem Wanderweg auf der Grenzscheide Kritzow – Müsselmow (s. Kritzow, Archäologischer Lehrpfad). Östlich des Großsteingrabes liegt eine Fläche, die als Plessenfriedhof bezeichnet wird, wahrscheinlich weil hier – den Sagen nach - mehrere erschlagene Plessen liegen sollen.

Fünf Finger auf der Kellerluke *Der Herr von Müsselmow sperrte seine Gemahlin wegen Untreue in den Keller. Dort ließ er sie verhungern. Nun geht sie als Gespenst um. Sie trägt ein loses weißes Gewand. Vor allem am Eingang zum Keller und im Park wurde sie gesehen, wie sie mit den im Korb scheppernden Schlüsseln vorüberzog. Einmal zeigten sich ihre fünf Finger auf der Kellerluke. Als sie merkte, dass sie beobachtet wurde, zog sie die Finger langsam wieder zurück.*

Plastiken neben der Dorfkirche. Von hier soll ein unterirdischer Gang zum Schloss und zu der Kirche in Holzendorf führen.

Ein Schäfer schützt seine Braut *Der Gutsherr bestand auf dem Recht der ersten Nacht bei der Braut des Schäfers. Dieser erschlug den Herrn und verscharrte ihn unterm Plessenstein.*

Vom Schäfer, der seinen Herrn erschlug *Der Herr wollte einen Schäfer zwingen, nach Müsselmow zu ziehen. Dieser wehrte sich, tötete den Gutsherrn und begrub ihn beim Plessenstein.*

Vom Gutsherrn, der die Leute schikanierte *Für neugeborene Knaben aber teilte er auch Geschenke aus.*

Vom Hasen mit drei Beinen *In Wirklichkeit war er eine Hexe.*

Vom Schimmelreiter im Röthsee *Ein Schäfer erschlug seinen Herrn, weil dieser ihm böse Zauberkräfte aufdrängen wollte. Der Erschlagene geistert seitdem als Schimmelreiter.*

Von den drei Brüdereichen *Drei Brüder konnten sich nicht über das Erbe einigen und wurden in Eichen verwandelt.*

Zu den Dreibrüdereichen: Bei der Kirche die schmale Asphaltstraße Richtung Zaschendorf nehmen. Vorbei am riesigen Findling (mit zwei Bänken und einem Hinweisschild). Von hier nach ca. 700 m links in einen Wald-Wiesenweg einbiegen. Die frei stehenden Eichen sind gut sichtbar.

Die Dreibrüdereichen bei Müsselmow

Für das leibliche Wohl

Öffnungszeiten:

Mo, Mi – Fr	9 – 13 Uhr, 15 – 20 Uhr
Sa	15 – 20 Uhr
So	10 – 13 Uhr, 15 – 20 Uhr
Di	Ruhetag

Achtung, Wanderreiter!

Wir haben eine Anbindevorrichtung für Pferde.

Die Linde von Holzendorf an der Dorfstraße zählt zu den ältesten in der Gegend. Ihr Umfang beträgt ca. 7,5 m.

Holzendorf

Eine kleine slawische Siedlung lag den Funden nach auf dem „Katreppel", einer leichten Erhöhung unterhalb des Klingenberges südöstlich des Mickow-Sees. Die Endung Reppel lässt darauf schließen, dass die Katengruppe von einem aus Ästen geflochtenen Zaun (Repeltun) umgeben war. Der Name des deutschen Dorfes verrät, dass es von Holsteiner Kolonisten gegründet wurde (Holstendorf). Erstmals urkundlich erwähnt wird der Ort 1235.

Das kleine Gut Holzendorf war über viele Jahrhunderte ein Nebengut von Müsselmow. Das Herrenhaus ist ein schlichter Fachwerkbau.

Die Hexe mit dem Zauberzaumzeug *In Holzendorf lebte eine Bauersfrau, die konnte mehr als nur Brot essen. Ein Knecht wollte ihr auf die Schliche kommen und legte sich in einer Maienacht auf die Lauer. Die Frau aber warf ihm Pferdezaumzeug über den Kopf und verwandelte ihn in einen Hengst. Sie ritt auf ihm zum nahe gelegenen Blocksberg. Dort trieb sie mit anderen Hexen und dem Teufel ihre verruchten Spiele. Auf dem Rückweg stellte sich der Knecht fußlahm. Da stieg sie im nächsten Dorf ab und machte sich im Viehstall eines Bauern zu schaffen. Der Knecht konnte sich das Zaumzeug abstreifen und hatte wieder seine Menschengestalt. Jetzt warf er ihr rasch das Zaumzeug über. Sie wurde sofort zur Stute. Der Dorfschmied musste ihr die Hufe beschlagen. Dann ging es im Fluge nach Holzendorf zurück. Am anderen Morgen lag die Bauersfrau in ihrem Bett, an den Händen und Füßen mit Hufeisen.*

Der schwarze Pudel am Klingenberg *Am Klingenberg spukt es. Nachts drängt sich dem Vorübergehenden ein kleiner schwarzer Pudel zwischen die Beine. Erst an der nächsten Kreuzung verschwindet er wieder.*

Der Klingenberg ist eine leichte Erhebung nördlich des Ortsausgangs Richtung Wendorf/Brüel.

Der unterirdische Gang *Von der Kirche soll bis zum Müsselmower Schloss ein unterirdischer Gang führen.*

Dorfkirche Holzendorf, ein Backsteinbau aus dem 15. Jahrhundert

Das barocke Torhaus des Gutshofes. Es diente zu Speicherzwecken

Zaschendorf

Zaschendorf liegt nahe der Warnow, hat ein sehr schön gelegenes Schloss (Ruine) mit einem gut erhaltenen seltenen barocken Torhaus und mehrere seltsame Sagen. Der Ort wurde erstmals 1306 erwähnt. In einem alten Schweriner Zehntenregister wird das Dorf 1320 Saszendorp (Sachsendorf) genannt, vielleicht ist es eine Gründung von Kolonisten aus Niedersachsen.

Die imposante Gutsanlage zeigt sich heute vor allem an dem Torhaus aus dem 18. Jahrhundert, das in seiner Größe in Mecklenburg einmalig ist. Es wurde als Kornlager genutzt und wird derzeit restauriert. Das Herrenhaus war einst ein repräsentativer Bau mit spätklassizistischen Gliederungen. Umgeben von einem verwilderten Park steht es auf einer Anhöhe in landschaftlich hervorragender Lage. Die Ruine wird derzeit von einem privaten Investor wieder aufgebaut.

Der Schimmelreiter von Zaschendorf *In Zaschendorf steht ein altes Gutshaus. Damit hat es eine eigenartige Bewandtnis. Es brannte seltsamer Weise als einziges Gebäude beim großen Gutsbrand 1850 nicht ab. Dort steht auch noch das Torhaus. Hier stürzte vor langer Zeit ein Herr von Barner, der um diese Zeit das Gut besaß, mit seinem Pferd zu Tode. Seitdem spukt er als Schimmelreiter in der Umgebung des Gutshauses.*

Die Schimmelreitersagen sind zumeist viele Jahrhunderte alt. Wahr

Schloss Zaschendorf

scheinlich ist diese hier mit einem Ereignis aus neuerer Zeit gefüllt worden. Die historische Überlieferung besagt: Am 15.November 1682 stürzte der Erbherr Joachim von Barner angetrunken vom Pferd und war sofort tot.

Altar in der Zaschendorfer Fachwerkkirche

Krähen auf der Beerdigung *In Zaschendorf war eine Tagelöhnerfrau, die konnte mehr als nur Brot essen. Als sie begraben wurde, kamen viele Krähen. Und als der Küster sang, quarrten sie alle mit.*

Der Mühlenort. Hier mit dem Holz für das Osterfeuer

Vom geheimnisvollen Dornbusch am Mühlenort

Am Mühlenort spukt es. An nebligen Tagen oder im Schummerlicht, wenn man nicht so recht sehen kann, wächst mitten auf dem Acker ein Dornbusch. Geht man heran, verschwindet er im Erdboden.

Zur ehemaligen Mühle: Nahe dem Ortseingang befindet sich rechts im Gelände eine aufgefüllte Grube. Hier soll die Mühle gestanden haben.

Der dreibeinige Hund *Ein Zaschendorfer arbeitete einmal im Torfmoor an der Warnow. Da stürzte ein dreibeiniger Hund auf ihn zu. Der Mann lief in seiner Angst so schnell er konnte weg und wagte nicht, sich umzusehn. Der Hund soll heute noch da herumspuken.*

Das Torfmoor befindet sich westlich von Zaschendorf.

Der Hase in Holzpantinen *Eine Frau will kurz nach dem Ende des Zweiten Weltkrieges auf der Dorfstraße einen Hasen in Holzpantinen gesehen haben.*

Mord am Schäferberg *Auf der Feldmark Zaschendorf gibt es den „Schäferberg" mit dem „Plessenfriedhof". Hier sollen sich zwei Vettern aus der Familie der Plessen gegenseitig erschlagen haben, weil jeder von ihnen die schöne Schäferstochter begehrte. Der eine kam aus Müsselmow, der andere aus Zaschendorf. Nachts zeigt sich an den Steinen ein Mann mit einem großen Umhang.*

Der Plessenfriedhof befindet sich auf dem Archäologischen Lehrpfad beim (von Kritzow aus gesehen) zweiten Großsteingrab nahe der Warnow (s. Kritzow und Müsselmow).

Weiterer Tipp

Sölle. Südwestlich von Zaschendorf. Sie sind Laichgebiet seltener Amphibien (Kreuzkröte, Wechselkröte, Rotbauchunke).

VI. Zwischen Retgendorf und Keezer See

Wir wandern hier durch eine abwechslungsreiche hüglige und alte Kulturlandschaft mit Feldern und Wäldern, Wiesen und Seen. Sie liegt zwischen dem Schweriner See im Westen und dem Keezer und Neuhofer See im Osten. In dieser Gegend fand einst der in Preußen verfolgte Dichter Hoffmann von Fallersleben (1798 – 1874) Asyl. In Mecklenburg schuf der Verfasser der deutschen Nationalhymne zahlreiche Lieder, die uns wie Volkslieder erscheinen. Am Schweriner See befinden sich die beiden großen idyllischen Erholungszentren Retgendorf und Flessenow.

Spätgotische Kirche von Retgendorf. Backsteinbau aus dem 15. Jh. Sie ist das Wahrzeichen des Ortes. Innenausstattung mit Taufbecken aus dem 13. Jh.

Retgendorf

Retgendorf wurde 1241 erstmals urkundlich erwähnt, vermutlich gab es hier ein Hügelgrab, was auf eine viel längere Besiedelung hinweisen würde. Im Mittelalter entwickelte es sich zu einem großen Gut.

Der Ort befindet sich in einem Natur- und Vogelschutzgebiet. Besucher schätzen an Retgendorf die Lage am Wasser mit dem weitläufigen Badestrand und den vielen Angeboten auf dem nahe gelegenen Campingplatz und im Ferienpark.

Insel Lieps. Von den Hangterrassen gleich hinter Retgendorf sowie von der Uferstraße bietet sich ein außerordentlich schöner Ausblick auf die langgestreckte Insel Lieps im Schweriner See. Mit einer Nord-Süd-Ausdehnung von annährend 1,8 km und einer Breite von wenigen hundert Metern ist sie von allen Uferseiten gut zu sehen. Große Laubbäume kennzeichnen die Insel. Ein dichter Schilfgürtel umfasst das Eiland und lässt nur an wenigen Stellen der Westseite eine Landung mit Booten zu. Schon zu DDR-Zeiten ließen es sich Segler und andere Unternehmungslustige aus den umgebenden Ortschaften nicht nehmen, zu Pfingsten großangelegte Ausflüge zur Insel Lieps zu machen und dort sogar zu zelten.

Uferstelle in Retgendorf, Richtung Rampe. Hier könnte der Hirte das Vieh gehütet haben.

Das Schloss im Schweriner See *Ein Mann in Retgendorf hütete am Johannestag mittags gegen zwölf Uhr am Schweriner See sein Vieh. Als er auf das Wasser schaute, schlugen die Wellen auseinander und ein wunderschönes Schloss kam aus der Tiefe empor. Mit dem Ein-Uhr-Glockenschlag aber sackte die ganze Herrlichkeit zusammen.*

Zwerge sonnen sich *Gleich hinter Retgendorf auf dem Weg nach Rampe ist ein hohes Ufer, das früher noch bewaldet war. Dort sollen Zwerge hausen. Eines Tages kam eine Mutter mit ihrem Sohn des Weges. Da hörten sie wieder das Wirtschaften und Toben im Berg . Ein Schäfer stand da und rief, sie sollten sich nicht ängstigen. Die Zwerge wollten sich bloß in die Sonne legen.*

In manchen Nächten brennt an dieser Stelle Geld.

Ferienpark Retgendorf

Restaurant „Waldsiedlung", Bundeskegelbahn und Reitanlage

19067 Retgendorf, Kiefernweg 1

Telefon: 03866 - 4603 - 0, Fax: 03899 - 440322

Im Restaurant „Waldsiedlung" im Ferienpark

Campingplatz Retgendorf

Touristik Retgendorf GmbH

19067 Retgendorf, Seestr. 7A

Telefon: 03866 - 40 00 40

Fax: 03866 - 40 00 41

Gutshaus Liessow

Liessow

Liessow war ein Gutsdorf. Das Herrenhaus, ein zweigeschossiger Bau mit neun Achsen und viersäuligem Portikus, wurde mehrfach umgebaut. Beim Dorf befindet sich ein verträumt gelegener Badesee.

Würfelei ums Rummelmoor *Als Ahrensboek noch Cambser Schäferei war, trieben die Schäfer ihre Herden oftmals bis auf die Liessower Feldmark. Einen Wassertümpel benutzten sie dort gern als Viehtränke. Die Angelegenheit kam vor das Cambser Gericht. Dies entschied, das Wasserloch gehöre dem Liessower Gutsherrn. Beim Würfelspiel der Edelleute verlor der Liessower den Wassertümpel an den Cambser Gutsherrn. So kam es zu Cambs, obwohl es ringsum von den Ackerstücken der Liessower eingeschlossen ist. Weil um dieses Moorloch mit den Würfeln gespielt (gerummelt) wurde, heißt es noch heute das Rummelmoor.*

Das über drei Hektar große Rummelmoor ist Kranichbrutplatz. Im Moor leben u.a. Frösche, Schlangen und die Gelbe Sumpf-Schwertlilie. Das Moor ist nur für „hartgesottene" Touristen erreichbar.

Zum Rummelmoor: Bei der Bushaltestelle in Liessow die „Dorfstraße" nehmen (Radwanderweg Brahlsdorfer Hütte/Kleefeld). Etwa 400 m nach dem Dorfende stehen auf der linken Seite hohe Sträucher zwischen Bäumen (u.a. Eichen) als eine ca. 5 bis 10 m breite „Grenze" zwi-

Das Rummelmoor bei Liessow

schen zwei Feldern. Dort biegen wir ein und halten uns an der linken Seite der „Grenze". Diese Strecke ist schlecht begehbar. Nach ca. 400 m gelangen wir zum Rummelmoor.

Der Teufel im Brook *Bei Liessow befindet sich ein Buchholz. Dabei ist ein Bruch. Dort reitet der Teufel auf einem Rappen. Ein Knecht sah ihn einmal. Da kam der Teufel in vollem Galopp auf ihn zugerast. Der Mann lief, als gelte es sein Leben, auf den Graben zu. Er spürte schon den Feueratem des Rappen in seinem Nacken. Mit einem Riesensatz sprang er über den Graben. Damit konnte er sich, geistesgegenwärtig und vielleicht auch weil er ein Sonntagskind war, gerade noch in letzter Sekunde retten. Auf der anderen Seite des Grabens hatte der Teufel keine Macht über ihn.*

Der Graben befindet sich östlich des Stettiner Sees am Waldrand.

Weiterer Tipp

Stettiner See. Südwestlich des Ortes und romantisch gelegen. Badestelle. Gute Angelmöglichkeiten. Vom Weg nach Brahlstorf hat man einen guten Zugang zum See.

Gutshaus Tessin

Tessin

Das ehemalige Gutsdorf „Tyssyn" wird urkundlich 1241 zuerst erwähnt. Zuvor gab es nahe der jetzigen Grenze nach Buchholz eine Slawenburg, mit Wassergraben und Wallanlagen geschützt. Inmitten des Ringwalles errichtete ein deutscher Ritter wieder eine Burg. Sie wurde in den Kriegen vor 1809 restlos zerstört. Das Ackerstück mit vertiefter Kuhle nennt man „Kellerkuhlberg". Dieser Flurname findet sich häufig an Stelle niedergeackerter Ringwälle.

Wo sich heute das Gutshaus im Dorf befindet, lag ein weiterer Adelshof. Er war im Mittelalter besonders stark befestigt und offenbar ein Raubritternest. Im Grenzwinkel nach Liessow zu finden sich noch die Reste einer starken Landwehr. Sie besteht aus zwei Wallteilen, zwei Gräben und einem Dorfdickicht. Der Wall ist drei Meter hoch, aus Feldsteinen gepackt, mit Erde überdeckt und mit Bäumen bewachsen. Am Fuß der Wälle ist ein tiefer Graben. Außerdem gehörte zum Gut noch ein auf dem Spiegelberg gelegener Spähturm. So konnten die Tessiner Raubritter die alten Handelswege gut überwachen.

Pech im Spiel *Im Herrenhaus Tessin trafen sich die Gutsherren der Umgebung nach der Frühjahrsaussaat zu Spiel und Wein. Der Gutsherr von Tessin verlor einen seiner Äcker. Die Gutsherrin war ihrem Mann sehr böse. „Wie kannst du dann noch so beschränkt sein und den Acker im Frühjahr verspielen," erklärte sie wütend, „ das hättest du im Herbst machen sollen, wenn er abgeerntet ist!"*

Acker beim Tessiner Gutshaus

Die Kirche im Gleichensee *Die Raubritter von Tessin ließen mehrere Burgen erbauen. Eine stand an der Grenze zu Liessow direkt an den beiden Gleichenseen. Dazu gehörte auch eine kleine Kapelle. Ihre Räubereien müssen sie gar zu arg getrieben haben. Die Burg ist zerstört, die Kirche versank im Kleinen Gleichensee. In jeder Neujahrsnacht läuten ihre Glocken.*

Zu den Gleichenseen: Sie befinden sich ca. 700 m südwestlich des Ortes (auf einer von Bäumen umgebenen Ackerfläche). Vom Weg zum Spiegelberg (von Tessin aus) liegen sie rechts. Der kleine Gleichensee ist der südlicher gelegene. Beide sind nur bei abgeernteten Feldern erreichbar.

Ein Fass Met vom Burgwall *Zwischen Tessin und Buchholz stand in alten Zeiten eine Burg. Einmal fand der Tessiner Gutsherr seine Ackerknechte betrunken in der Nähe der früheren Burg. Sie hatten ein Fass mit Met gefunden und gleich davon getrunken, bis er alle war.*

Vom Mann ohne Kopf am Schleiloch *Der Schleesee, auch Schleiloch genannt, wird im Volksmund „Späukkuhl" genannt. Hier soll ein Gutsherr nachts mit der Kutsche vom Weg abgekommen und im See ertrunken sein. Seitdem spukt er dort als Mann ohne Kopf.*

Zum „Schleiloch": Es liegt von Tessin aus in Richtung Kuhlen rechter Hand, gegenüber zwei Einfahrten zum Wirtschaftshof.

Holdorf

Grundstück des ehemaligen Gutshauses, heute Zum Möwenteich 4. Auf Gut Holdorf lebte der Dichter der Nationalhymne, Hoffmann von Fallersleben.

Holdorf, 1254 erstmals urkundlich erwähnt, liegt ca. sieben Kilometer nordöstlich des Schweriner Sees. Der Ortsname ist abgeleitet vom niederdeutschen Holt = Wald, bedeutet also „Walddorf". Zunächst war nur der Adelshof deutsch, während das Dorf selbst slawisch blieb.

Holdorf und das benachbarte Gut Buchholz stehen im Zusammenhang mit dem Lebensweg des Dichters August Heinrich Hoffmann von Fallersleben. Die Gutsbesitzer Rudolf Müller und Samuel Schnelle gewährten dem von der preußischen Obrigkeit verfolgten Dichter zwischen den Jahren 1844 und 1848 ein sogenanntes Heimatrecht. In Holdorf konnte er seine kostbare Bibliothek einlagern. In seiner Zeit auf Buchholz und Holdorf schrieb Fallersleben bekannte Kinderlieder wie „Alle Vögel sind schon da", „Ein Männlein steht im Walde" oder „Bald nun kommt der Weihnachtsmann". Die Herrenhäuser beider Dörfer existieren nicht mehr.

Für die Umgebung von Holdorf sind mehrere Hügelgräber vermerkt, die aber längst zerstört sind. Herumliegende Felsen bezeichnen die Lage.

Das Irrkraut am Tannenmoor *Am Tannenmoor östlich von Holdorf, in Richtung Buchholz, liegt eine Felsengruppe. Hier soll ein Irrkraut wachsen. Es bewirkt, dass man sein Ziel nicht findet. Der Zauber hat sich bis in die jüngste Zeit erhalten. Es gelang einer Wissenschaftlerin noch 1957 nicht, an die Felsengruppe heranzukommen, obschon sie es von allen Seiten versucht hatte und die Steine offen dalagen.*

Die Bollbeck zwischen Holdorf und Kuhlen – kurz vor dem Zufluss in den Keezer See

Spuk an der Bollbeck *Auf dem Weg von Holdorf nach Kuhlen führt eine kleine Brücke über den Bach, die „Bollbeck". Hier spukt es. Um die Mittagszeit sitzt eine Frau im schwarzen Kleid auf dem Geländer. Neben der Bollbeck führt ein tief ausgefahrener Hohlweg zur Brücke. In diesem ist nachts ein Leichenzug zu sehen. Wer ihm begegnet, ist gebannt und muss warten, bis die Stunde vorüber ist.*

Hier in der Nähe, ca. 200 m vor Klein Jarchow, könnte der Weißdornbaum gestanden haben.

Die krumme Frau *"Die krumme Frau" hieß ein Weißdornbaum am Wege von Holdorf nach Klein Jarchow. Heute steht da noch eine Eiche. Die Leute erzählen, dass hier eine alte Frau erfroren aufgefunden wurde. Ganz krumm soll sie dagelegen haben. Seit dieser Zeit wuchs auch der Weißdorn krumm.*

Nördlich des Ortes ist der See Kanzelbruch. Hinter der Abzweigung rechts nach Klein Jarchow befindet sich am Feldrand – dem Wald gegenüber - die alte Eiche, die von vier Findlingen eingegrenzt wurde.

Weitere Tipps

Keezer See. Südöstlich von Holdorf, im Osten und Süden mit Badestelle

Heimatstube Buchholz. Sammlung zu bäuerlichem Leben.
Informationen über Hoffmann von Fallersleben.

Abend am Keezer See

Herrenhaus von Flessenow

Flessenow

Flessenow ist slawischen Ursprungs. Das deutsche Dorf wurde 1241 gegründet. Der damalige Ortskern bestand aus Wirtschaftsgebäuden, Katen und einer Allee. Lange Zeit gehörte Flessenow zum Gut Retgendorf. Das Herrenhaus Flessenow ist im Stil der Neorenaissance errichtet.

Die Strecke am Steilufer, die der Lindwurm von Flessenow nach Bad Kleinen nimmt

Der Lindwurm bei Flessenow *Im Schweriner See haust ein Ungeheuer. Es sieht aus wie ein Lindwurm und besitzt einen Schweine- oder Affenkopf. Manche nennen es auf plattdeutsch „de Bost". Die Lindwurmstraße, wo es immer seinen Weg nimmt, verläuft eigentlich im Innensee von Leezen nach dem Schweriner Schelfwerder. Aber auch von Bad Kleinen nach Hof Flessenow schwimmt die Bost.*

Die ehemalige Henningsche Bauernstelle (heute Ferienhaus) befindet sich in Flessenow Ausbau. Man erreicht sie von Flessenow über den ausgeschilderten Weg „Burgwall". In Flessenow Ausbau letztes Haus rechts.

Der wilde Franzose als Schimmelreiter *Vor etlichen Jahren war eine alte Frau in Neu Flessenow auf der Henningschen Bauernstelle zu Besuch. Auf dem Heimweg nach Viecheln war ein Mann ohne Kopf auf einem Schimmel hinter ihr her. Erst als sie das Dorf erreichte, verschwand er. Er soll ein schrecklicher französischer Offizier aus der Napoleon-Zeit sein, der auf seinem Schimmel wild um die Döpe herum geistert.*

Weitere Tipps

Karelofinnische Hütten. Nach dem 2. Weltkrieg befand sich im Flessenower Forst ein Quarantänelager für Flüchtlinge/Aussiedler aus den ehm. deutschen Ostgebieten. Sie wohnten in etwa 35 Hütten, die von sowjetischen Soldaten gebaut wurden. Zwei der Hütten stehen noch. Privatbungalows.

Langer See. Nordöstlich des Ortes, mit einer Badestelle. Ausgeschilderter Wanderweg.

Flüchtlingsfriedhof/Kriegsgräberstätte. Unter Denkmalschutz. Vom Gutshaus ausgeschilderter Weg durch einen Mischwald, ca. 800 m (Wanderweg nach Norden, am Waldrand nach rechts).

Mecklenburger Seecamping Flessenow
19067 Flessenow, Am Schweriner See 1A, Telefon: 03866 - 81491

Jugenherberge Flessenow, 19067 Flessenow, Am Schweriner See 1b
Telefon: 03866 - 82 400, Fax: 03866 - 82401

Ferien- u. Freizeitanlage Lindenstraße
19067 Flessenow, Lindenstr. 8, Telefon: 0160 - 88 31 800
Fax: 04263 - 930020

Für das leibliche Wohl

Hotel Restaurant Seewisch.
19067 Flessenow,
Am Schweriner See 1d
Telefon: 03866 - 46110, Fax: 03866 - 4611166
E-mail: info@seewisch.de, Internet: www.seewisch.de

VII. Zwischen Bibowsee und Bad Kleinen

Dieses Gebiet liegt am Ausläufer des Schweriner Sees, zwischen Bibowsee im Osten und Bad Kleinen im Westen. Zentrum ist das Naturschutzgebiet Döpe. Zwischen dem Schweriner See und der Döpe stand einst Dobin, eine legendäre Obotritenburg.

Der romantische Weg zwischen dem Schweriner und dem Döpesee war im Mittelalter Teil der Hauptverbindungsstraße zwischen Wismar und Schwerin. Er führte über Dorf Mecklenburg und Moidentin, Hohen Viecheln, das Döpegebiet, Flessenow, Retgendorf und Zittow am Cambser See vorbei bis nach Raben Steinfeld, wo man dann der Handelsstraße nach Schwerin folgte. In slawischen wie in deutschen Zeiten zogen hier Fußgänger und Karren mit Tuchen, Fischen, Salz, Getreide und anderem Handelsgut zwischen Ostseeküste und dem Binnenland. Handwerksgesellen, Musiker und Gaukler suchten die Märkte der Städte auf. Kriegsknechte zogen immer wieder sengend und brennend durch die Dörfer und so mancher Bauer wird Opfer ihrer Willkür geworden sein. Bereits zur Slawenzeit scheint dieser Weg eine Heerstraße gewesen zu sein, er verband die Kette der Slawenburgen von Grabow zum Südende des Schweriner Sees, an den Burganlagen Dobin vorbei bis zum obotritischen Hauptsitz, der Burg Mecklenburg (bei Dorf Mecklenburg).

Ebenso legendär ist der Wallensteingraben. Er sollte die Wasserverbindung vom Schweriner See zur Ostsee bilden. Per Hand und Karren wurden im 16. Jahrhundert 20 km Kanal und zwölf Schleusen gebaut. Dann aber war das Geld alle, der Kanal verlandete. Wallensteins Plan aus dem 17. Jahrhundert konnte nicht mehr ausgeführt werden, seine Herrschaftszeit in Mecklenburg war zu kurz. Aber sein Name blieb mit dem Kanal verbunden. Derzeit gibt es wieder Pläne, die Wasserstraße befahrbar zu machen.

Das Naturschutzgebiet Döpe von Hohen Viecheln aus

An der Döpe

Zwischen Flessenow und Hohen Viecheln, an der Nordostseite des Schweriner Sees, liegt das Naturschutzgebiet (NSG) Döpe mit dem Döpesee, einem Teil der Bucht des Schweriner Sees bei Hohen Viecheln und der Landzunge zwischen beiden. Es ist 215 ha groß. Der Döpesee mit der Insel Schwanenberg nimmt dabei etwa ein Drittel der Fläche ein. Er hat eine durchschnittliche Tiefe von 3 m (tiefste Stelle 10 m) und ist ein kalkreicher Durchströmungs-See.

Das Gewässer wird von Erlen, Eschen, Buchen und Moorbirken umrahmt. Im NSG konnten 405 Arten von Blüten- und Farnpflanzen und 236 Großpilzarten nachgewiesen werden. Weiterhin gibt es 55 Brutvögelarten (Rohrdommel, Kolbenente) und 13 Arten von Amphibien und Reptilien (Rotbauchunke). Für Gänse, Reiherenten, Kormorane und

Kolbenenten ist die Döpe ein bedeutender Rastplatz. Bemerkenswert sind die Vorkommen von Wildobstgehölzen auf der Landzunge. Auf den Feuchtwiesen im Nordosten wachsen verschiedene Orchideenarten.

Im Döpe-See sind Baden, Angeln und Bootfahren verboten. Die Feuchtwiesen in der Uferzone und die Schwingröhrichte sind Totalreservate.

Das Betreten des NSG ist verboten und in den moorigen Gebieten auch lebensgefährlich. Der öffentliche Fuß- und Radwanderweg zwischen Flessenow und Hohen Viecheln ist die einzige Möglichkeit, das Gebiet zu durchqueren.

Die Slawenburg Dobin war eine bedeutende Verteidigungsstellung des Obotritenstammes im 12. Jahrhundert, eine Wasserburg mit Vor- und Hauptburg, Erdwällen und Holzpalisaden und tiefen Gräben nach der Landseite zu. Wie groß die Burg und der Umfang ihrer Besatzungen gewesen sein müssen, geht unter anderem daraus hervor, dass hier einst auch etwa 1000 dänische Gefangene untergebracht waren. Als 1147 das Kreuzfahrerheer der Sachsen und Dänen in das Obotritenland vorrückte, gab König Niklot alle seine übrigen Burgen auf. Er zog sich mit vielen Kriegern, mit Menschen aus den umliegenden Dörfern und großen Vorräten in die befestigte Burg Dobin zurück. Monate lang wurde sie belagert und man versuchte sie auszuhungern. Die sumpfige Umgebung, die mit Palisaden bestückten Erdwälle und die Möglichkeiten zur Versorgung der Bewohner über den See waren so gut zur Verteidigung geeignet, dass die Gegner sie nicht erobern konnten. Schließlich wurde ein Waffenstillstand geschlossen, die Besatzung nahm die christliche

Der Burgwall liegt zwischen Schweriner See und Döpesee, er ist jetzt eine langgestreckte ansteigende Ackerfläche neben dem Wanderweg.

Taufe an und die Kreuzfahrer zogen ab. Niklot ließ sich nicht taufen. Im Jahre 1160 brach der Wendenkrieg erneut aus. Fürst Niklot verbrannte die Burg, um sie nicht den deutschen Eroberern in die Hände fallen zu lassen. Der kleine See neben der ehemaligen Burg heißt Döpe, ob dieser Name sich von döpen – taufen ableitet, ist fraglich. Jedenfalls wurde im Jahre 1775 am Ostufer der Döpe ein uralter Taufstein gefunden. Man brachte ihn mit den Zwangstaufen der Slawen in Verbindung.

Dann wurde es still um die Feste. Sie lag für 100 Jahre wüst. Um 1270 wurde sie kurzzeitig zum Basislager von Brandenburger Raubrittern, die hier ihre geraubten Waren verwahrten.

Der königliche Schimmelreiter *König Niklot erscheint allnächtlich in der Düwelskuhl am Nordende der Döpe. Er reitet auf seinem Weg um die Wohleiche herum zur alten Burgstelle Dobin. Dreimal umrundet er die Burg, dann kehrt er wieder zurück und verschwindet in der Düwelskuhl. Manche sagen, dass er nur alle hundert Jahre einmal hier entlang reitet.*

Die Düwelskuhl liegt nördlich der Döpe am Wanderweg zwischen Alt Ventschow und Pfarrhof nahe Hohen Viecheln. Der Schimmelreiter ist eine der häufigsten Sagengestalten Mecklenburgs. Oft reitet er zwischen ehemaligen Burganlagen hin und her. Sein Weg führt aber auch zu Gräbern oder wüsten Siedlungen. Bei Dunkelheit scheuen die Leute derartige Stellen, weil die Begegnung mit ihm den Tod bringen soll. Diese Sage hingegen spricht ausnahmsweise von einer beliebten Gestalt als Schimmelreiter.

Sumpfburg im Naturschutzgebiet Döpe

Die Geflügelzuchtanlage von Dämelow

Dämelow

Dämelow (1219 erstmals erwähnt) liegt nordöstlich des Schweriner Sees. Nordwestlich des Ortes befindet sich ein großes Waldgebiet. Das Dorf wird vom Mühlenbach durchflossen.

Der Schwarze Hund *Neben dem Gehöft eines Bauern stand früher eine hohe Esche. Dort soll ein Schatz vergraben sein. Nachts wird er von einem großen schwarzen Hund bewacht.*

Das Licht auf der Koppel *Wo einst der alte Adelshof stand, befindet sich eine Koppel. Hier ist in manchen Nächten ein geheimnisvolles Licht zu sehen.*

Nach dem Umbruch der Koppel fanden die Dämelower Jungen Historiker 1954 große dunkle Bodenverfärbungen, blaugraue Scherben aus dem 14. Jahrhundert und Kachelreste eines Ofens.

Das Schloss im Storchenbruch *Im einem ehemaligen See rechts am alten Wariner Weg soll ein Schloss versunken sein, er wird Storchenbruch genannt.*

Gutshaus Neuhof

Neuhof

Neuhof liegt nordöstlich des Schweriner Sees. Im Ort finden sich zahlreiche alte Bäume, darunter die große Eiche (Naturdenkmal) an der Straße „Lütte Werder" zum Gutshaus. An der Stelle des slawischen Burgwalls soll dem Volksmund nach die mittelalterliche Plessenburg gelegen haben. Reste des befestigten Adelshofs, Ringwälle, Graben und Turmhügel, sind noch gut erkennbar. Neuhof gehörte zu den 56 Gütern des Rittergeschlechts von Plessen. Es wird angenommen, dass sie zu ihrem Reichtum kamen, indem sie den Mecklenburger Fürsten Geld liehen und mit den Rittergütern handelten.

1818 wurde einer von ihnen in Neuhof von seinen Tagelöhnern erschlagen. In den Akten zu dem Fall kann man lesen, dass „die verübten Grausamkeiten des Herrn jedes menschliche Gefühl empören und der Gutsbesitzer ein vollendeter Bösewicht gewesen" sei.

Klimmzüge mit dem Schimmel *Der Ritter Alexander von Plessen soll ein besonders grausamer und jähzorniger Herr gewesen sein. In guten Stunden bekämpfte er seine Wut. Dann ritt er unter das große Tor des Schlosses, klemmte den Schimmel fest zwischen die Schenkel und machte mitsamt dem Ross Klimmzüge, bis seine Wut verflog. Wahrscheinlich übermannte ihn aber die Wut zu oft und der Schandtaten waren zu viele. So fand er auch im Tode keine Ruhe. Als*

Schimmelreiter zieht er des Nachts zwischen Neuhof und Klein Jarchow seine Bahn. Den Kopf trägt er dabei unter dem Arm. Schließlich verschwindet in der er in der „Späukkuhl" (Spukkuhle), um in der nächsten Nacht wieder am Schloss aufzutauchen. Vor dem nächtlichen Ritt gibt es ein fürchterliches Toben im Schloss.

Man erreicht die Späukkuhl auf dem Kopfsteinpflasterweg „Geschützte Allee" Richtung Klein Jarchow nach ca. 2,4 km, auf der rechten Seite des Weges.

Der Weg vom Gutshaus nach Klein Jarchow, den der Schimmelreiter zur „Späukkuhl" nahm

Die verweigerte Anrede *Alexander von Plessen verlangte von seinen Leuten, ihn besonders freundlich zu grüßen. Einer der Knechte verweigerte ihm das, trotz aller Schläge. Da jagte ihn der Herr bis in die gefährliche Spitze des höchsten Baumes und sperrte ihn danach in den düsteren Keller. Nun findet der Gutsherr keine Ruhe und muss als Schimmelreiter umgehen.*

Wie man den bösen Zwergen beikommt *Die Unterirdischen nahmen einer jungen Mutter aus Neuhof das Kind weg und legten dafür eine ganz alte Frau ins Bett. Die Mutter holte sich bei einem zauberkundigen Mann Rat. Wie ihr geheißen braute sie Bier von Rüben, erhitzte es und drohte der Alten, sie dort hinein zu setzen. Da verschwand diese und die Mutter hatte ihr eigenes Kind wieder.*

Die Teig fressenden Hunde *Die Frauen des Dorfes hatten Teig zum Backen angerührt. Am anderen Morgen war der Backtrog leer. Den hatten die Hunde des Waul gefressen. Ein anderes Mal nahm der Waul sieben Brote von der Trage, um seine Hunde damit zu füttern.*

Weitere Tipps

Bibowsee und Neuhofer See. Beide in Ortsnähe

Schloss Hasenwinkel. Tagungshotel der Wirtschaft
1909 – 1912 nach einem Entwurf von Paul Korff errichtet.

Schloss Hasenwinkel
19417 Hasenwinkel
Am Schlosspark 2
Telefon: 03847-66 140
Internet: www.tagungsschloss.de

Am Wallersee

Ventschow

Ventschow liegt vier Kilometer nordöstlich des Schweriner Sees. Um den Ort herum gibt es eine Reihe kleinerer Seen und viel Wald. Das Dorf wurde 1233 unter dem Namen „Vinzow" erstmals urkundlich erwähnt.

Über den Ort sind allerhand Sagen erhalten. Dafür hatte er gute Voraussetzungen. Hier befand sich früher ein Hügelgrab. Später stand in der Nähe eine slawische Sumpfburg. Und es gibt etliche wüste (aufgegebene, überwucherte) Stellen, darunter eine ehemalige Windmühle und ein Gehöft westlich des Reeder Sees, in dem wohl auch Branntwein ausgeschenkt wurde. Das Gehöft hatte den schönen Namen „To`n wittn Titt" (Zur weißen Brust).

Das Rittergut Ventschow blieb bis 1780 im Besitz der Plessens. Am Nordufer des Großen Sees hatten sie im Mittelalter eine Raubburg.

Der Schimmelreiter an der Düwelskuhl *Aus der Düwelskuhl soll nachts ein Schimmelreiter hervorkommen. Er reitet eine Weile auf dem alten Wariner Weg und verschwindet dann in den Swienstannen (Schweinetannen).*

Zur Düwelskuhl (Teufelskuhle): Von Ventschow Richtung Süden (Rubow) etwa eineinhalb Kilometer. Vor der Kreuzung Dämelow-Alt Schlagsdorf befindet sich links die Teufelskuhle, eine mit Busch bewachsene Grube.

Die Swienstannen sind das Waldstück, durch das man hier wandert. Die Historikerin Gertrud Gärtner wusste erfahrungsgemäß, dass Schimmelreitersagen oft mit alten Burgwällen verknüpft sind. Sie untersuchte das Gelände hinter der „Düwelskuhl" gründlich und stellte fest, dass sich auf der Höhe am Mühlenbach bis zum 15. Jahrhundert eine Burg befand. Später stand hier Alt Rubow. Das Dorf hatte Kirche und Mühle. Es wurde 1800 aufgegeben.

Eine düstere Prophezeiung *Etwa im Jahre 1911 fuhr ein Gutskutscher aus Rubow im Morgengrauen Milch zur Ventschower Meierei. An der Düwelskuhl stand ein Mann in ganz altertümlicher Kleidung. Er bat den Kutscher, ihn ein Stück mitzunehmen. Beim Fahren erzählte der merkwürdige Mann, jetzt würden drei schlimme Jahre kommen. Das erste Jahr sei ein Flutjahr mit viel Regen und Überschwemmungen, das zweite ein Glutjahr mit Sommerhitze und verdorrter Ernte. Das dritte Jahr aber sei ein Blutjahr. Bei den Swienstannen verschwand der Mann.*

Seine Vorhersagen trafen alle ein. 1914 begann der Erste Weltkrieg.

Der Schimmelreiter vom Gutshof *Beim Ventschower Gutshof zeigt sich ein Schimmelreiter. Er reitet durch den Gang neben dem Inspektorhaus links am See entlang nach Alt Ventschow, wo einst die alte Plessenburg lag.*

Der Schimmelreiter an der Ziegelei *Am Wege von Ventschow nach Pfarrhof zu liegt hoch über dem Hohlwege auf dem Acker eine tiefe Grube aus der Zeit der Ziegelei. Hier zeigt sich ein Schimmelreiter.*

Der Kutscher ohne Kopf *Bei den „Totentannen" am Milchfahrerweg von Ventschow nach Alt-Schlagsdorf soll nachts ein Leichenwagen fahren. Der Kutscher hat keinen Kopf.*

Die Glocke im Klocksee *Im See liegt eine versunkene Kirche. Zur Neujahrsnacht und Johanni (24. Juni) sollen ihre Glocken läuten.*

Der Klocksee liegt nahe dem Sonnenberg, ca. 500 m südlich von Alt Ventschow, am Waldweg Richtung Rubow. Er ist von den drei kleinen Seen derjenige, der der Landstraße nach Rubow am nächsten liegt.

Auf dem Sonnenberg

Ein Bauer fliegt durch die Luft *Auf dem Kirchweg zwischen Ventschow und Hohen Viecheln begegnete einem Mann die Wilde Jagd. Mit allen Hunden und viel Lärm brauste sie durch die Lüfte. Der Alte kam nicht schnell genug in die Mitte des Weges. Da nahm ihn der Sturm mit und setzte ihn viele Kilometer weiter wieder ab. Er blieb unversehrt.*

Der Kirchweg verläuft zwischen Alt Ventschow und Pfarrhof.

Weitere Tipps

Reeder See. Nordöstlich des Ortes, mit Badestelle.

Wallersee. Angelmöglichkeit.

Zum Wallersee: Aus Ventschow Richtung Rubow. Abzweig nach Alt Schlagsdorf rechts. Nach ca. 1,5 km biegt der Weg links nach Alt Schlagsdorf ab, geradeaus aber sind es noch 300 m zum Wallersee.

Erbfischerei Prignitz

Hohen Viecheln

Hohen Viecheln (1178 erstmals erwähnt) liegt am Nordufer des Schweriner Sees. Im Mittelalter war das Dorf mit seiner Lage an wichtigen Handelstraßen und durch den Wasserweg recht bedeutsam. Häufig wurde es auch ein Ort für Zusammenkünfte und Beratungen der mecklenburgischen Herzöge, Bischöfe und anderer mächtiger Personen. Zeitweilig bezeichnete man es als „Oppidulum", kleines Städtchen.

Das Gebiet war schon lange vorher besiedelt, von Steinzeitmenschen, dem germanischen Stamm der Langobarden und danach von Slawen aus dem Stamm der Obotriten. Diese gaben dem Ort sicherlich wegen der starken Undurchdringlichkeit des Waldes und des Gestrüpps am Seeufer den Namen. Vichel oder Vichele bedeutet im Slawischen Busch und Gestrüpp.

Nach der Eroberung der slawischen Gebiete durch den Sachsenherzog Heinrich den Löwen 1160 siedelten sich deutsche, vor allem niedersächsische Bauern an. Das Dorf gehörte anfangs der weit verzweigten Familie derer von Plessen. Später kam es in den Besitz der mecklenburgischen Herzöge und Großherzöge und blieb bis zu seiner Selbständigkeit als Gemeinde ab 1871 ein Domanialdorf.

Der Herzog und sein Fischer *Vor nun bald 300 Jahren musste Herzog Karl Leopold aus Schwerin fliehen. Bei Hohen Viecheln waren ihm die Verfolger dicht auf den Fersen. Da befahl er dem Fischer Prignitz, ihn in seinem Haus zu verstecken. Der Fischer führte den Herzog in den Keller und stellte das Bett seiner Frau auf die Luke. Sie war gerade in den Wehen. Während die Häscher das Haus durchsuchten, brachte sie ein Kind zur Welt und der Herzog wurde nicht entdeckt. Als Dank und gewissermaßen als Patengeschenk soll Karl Leopold der Prignitzfamilie die Erbfischerei übereignet haben.*

Der in der Sage erzählte Vorgang passt auf das Jahr 1735. Belegt ist, dass die erwähnte Schenkung jedoch schon 1715 erfolgte. Die Fischerei wird von der Familie Prignitz bis in die Gegenwart betrieben.

Rettung aus dem Heidenkerker *Der Ritter Helmold von Plessen wurde auf einer Pilgerfahrt nach Jerusalem von Heiden gefangen genommen. Nach vielen Jahren konnten ihn seine Verwandten um teures Lösegeld frei kaufen. Aus Dankbarkeit ließ er sieben Kirchen bauen, darunter die von Hohen Viecheln. Die anderen Kirchen waren die von Müsselmow, Holzendorf, Herzberg, Wamckow, Bibow und Brüel.*

Die stattliche dreischiffige Hallenkirche gehört zu den architektonisch herausragenden Kirchenbauten Mecklenburgs. Wie berühmte Kathedralen der Welt entspricht sie in ihrem Bauverhältnis dem Ideal der in der Bibel angegebenen Mauerhöhen des Himmlischen Jerusalem (Breite zur Höhe = 1:3,5). Nach Vollendung des Kirchenschiffs aber war das Geld scheinbar ausgegangen, denn zu einem Turm reichte es nicht mehr. Es ging die Sage, dass es in einer der tragenden Säulen versteckt wäre.

Die Suche danach, in jüngerer Zeit auch mit Hilfe von Minensuchgeräten, blieb aber vergebens.

Zu den viel beachteten Einrichtungsgegenständen der Kirche gehört der Grabmaldeckel des Ritters Helmold von Plessen. Das aus Eichenholz geschnitzte Bild eines Ritters im Kettenhemd mit Schwert ist um das Jahr 1300 datiert. Die Familie von Plessen gilt tatsächlich als Bauherr (der Baubeginn erfolgte vor 1300, 1310 war die Einweihung).

Eine der zahlreichen Kopfweiden am „Uferweg"

Der Fuchsjäger *Der Jäger von Hohen Viecheln wollte zum Schutz des Federviehs den Fuchs ausrotten. Tatsächlich streckte er auch die letzte Füchsin nieder und brüstete sich dessen vor aller Welt. Die Unterirdischen unter einer alten hohlen Kopfweide aber verbargen die Jungen der Füchsin und pflegten sie. Als er eines Tages fünf junge Füchslein auf der Weide entdeckte, gab er seinen Beruf auf und ward ein schweigsamer Mann.*

Die gefährliche Düwelskuhl *Die „Grote Düwelskuhl" war ein Ort des Schreckens. In aller Heimlichkeit trieben dort der Teufel und die Hexen ihr Unwesen. Alten Frauen, die sich geschlechtlich mit ihm einließen, gab der Teufel überirdische Macht. Wer in der Nähe der Kuhle hinfiel, der kam durch eine der Hexen zu Tode. Daher sollte man nur zu zweit diese gefährliche Stelle passieren, um sich gegenseitig vor dem Fallen zu bewahren.*

Die „Grote Düwelskuhl" (Große Teufelskuhle) lag zwischen dem Wallensteingraben und dem Weg nach Losten an der Straße von Hohen Viecheln nach Bad Kleinen.

Der Schuss ins Fass *Einmal wollte in einem Viechelner Haus das Buttern nicht mehr gelingen. Man rief den Hexenmeister. Er besichtigte das Fass, fand, dass eine Hexe es verzaubert hatte, schoss eine Platzpatrone hinein und der Hexenbann war beseitigt.*

Das verhexte Mädchen *Ein junges Mädchen war verhext und lag schon lange siech. Der Vater ging zum Hexenmeister. Der riet, sie sollten das Bett fortschaffen und nachts um zwölf jenseits der Viechelner Feldscheide verbrennen. Dort hätte die Hexe keine Macht. Und wenn sie ihnen bis dahin hinterher kommt, sollten sie sagen: „Mi lickst in`n Nors!" (Mich leck' am Hinterteil). Der Spruch wäre ein sicheres Mittel gegen ihre Künste. Vater und Sohn taten so und hielten das Gewese der unsichtbaren Hexe aus, obwohl ihnen die Haare zu Berge standen. Nach einem Jahr war das Mädchen gesund.*

Das Ungeheuer im Schweriner See *Ein Fischer saß am Nordende des Schweriner Sees allein im Kahn. Da gewahrte er ein großes affenähnliches Ungeheuer vorn in seinem Boot, das ihm bei der Arbeit zuschaute. Am Abend ward ihm das über und er schlug mit seinem Ruderriemen auf das zottige Wesen ein. Das packte ihn aber und zog ihn so gewaltig in die Tiefe, dass ein heftiger Strudel entstand. Am nächsten Tag fand man das leere Boot. Noch heute hört man in klaren Vollmondnächten ein Plätschern wie von einem Kampf und einen unterdrückten Schrei. Seither fahren die Fischer von Hohen Viecheln nicht mehr allein auf den See.*

Keine Sage

Das Wunderwasser aus Hohen Viecheln *In den zwanziger Jahren des vorigen Jahrhunderts lebte in Hohen Viecheln eine Frau, die ganz gewitzt den Unterhalt für ihre Familie sicherte. Sie bot auf dem Markt in Wismar „Heilwasser aus Hohen Viecheln" feil, mit guten Reden und noch besseren Erfolgsversprechungen. Merkwürdig war, wenn die Frau in Viecheln los ging, waren die beiden Eimer noch leer. Erst kurz vor Wismar füllte sie sie mit Wasser aus dem Wismarer Mühlenteich. Und noch lange nach dieser Zeit wurde die wunderbare Wirkung des „Viechelner Heilwassers" von Käufern bestätigt.*

Auf der Schwedenschanze

Weitere Tipps

Fremdenverkehrsverein um den Schweriner See

Fritz-Reuter-Str. 28a

23996 Hohen Viecheln

Telefon: 038 423 - 549 00

Fax: 038 423 - 549 01

Wallensteingraben. Von Hohen Viecheln Richtung Bad Kleinen (Landstraße oder Fernradweg).

Im 16. Jahrhundert beschloss man, einen Kanal zwischen dem Schweriner See und der Ostsee zu bauen, hauptsächlich für den Salztransport nach Wismar. 1594 soll ein Schiff mit Salz aus Lüneburg bis nach Wismar gefahren sein. Kriegswirren und fehlende Geldmittel verhinderten die weitere Nutzung und die Erhaltung des Kanals. Er verfiel.

Der kaiserliche Feldherr Albrecht von Wallenstein, zeitweilig Herzog von Mecklenburg, besichtigte 1628 das Kanalgebiet und veranlasste Bauplanungen und die Bereitstellung von Geldern für die Erneuerung des Kanals. Aber seine Herrschaft über Mecklenburg währte nicht lange genug (1628 bis 1630), um dieses Projekt zu vollenden. Im Andenken an seine wirtschaftlich vorbildliche Regierungszeit erhielt der Kanal im Volksmund den Namen Wallensteingraben. Geblieben sind gegenwärtig nur Anlagen zur Wasserregulierung und zum Fischfang. Es gibt Pläne, den Kanal in Vorbereitung auf die BUGA Schwerin 2009 wieder in Stand zu setzen.

Neben der jetzigen Brücke über den Wallensteingraben entdeckten Archäologen in den 1950er Jahren Reste einer Siedlung aus der mittleren Steinzeit mit insgesamt 16 000 Funden. Werkzeuge und Gebrauchsgegenstände aus Feuerstein, Holz und Knochen belegen, dass hier Menschen bereits vor sieben- bis achttausend Jahren lebten.

Schwedenschanze. Sternförmige Wallanlage, 1638 zum Schutz der Kaufleute vor marodierenden Soldaten im 30-jährigen Krieg errichtet. Von hier aus bietet sich ein umfassender Rundblick über die ganze Länge des Schweriner Außensees mit seinen Schilf gesäumten Ufern. Die Schwedenschanze liegt am Fernradweg Richtung Bad Kleinen.

Lostener See. Er ist durch den Wallensteingraben mit dem Schweriner See verbunden. Man erreicht ihn von Hohen Viecheln über die Landstraße (oder den Wanderweg am Waldrand) Richtung Dorf Mecklenburg/ Bad Kleinen.

Für das leibliche Wohl

Fischerei Prignitz
23996 Hohen Viecheln
Fischerweg 4
Telefon: 038 423 - 548 27

Schnell's Gaststube
Kalte und warme Speisen
Inh. Monika Schnell
23996 Hohen Viecheln
Fritz-Reuter-Str. 13
Telefon: 038 423 - 280

Nebengebäude der frühen Wasserheilanstalt in der Gallentiner Straße nahe dem Bahnhof

Bad Kleinen

Bad Kleinen liegt am Nordufer des Schweriner Sees. Westlich begrenzt ein Endmoränenbogen mit bis zu 72 m Höhe den Ort. Er wird erstmals 1178 in einer Papsturkunde als „Cline“ (der in einem Winkel liegende Ort) erwähnt. Bis zum 19. Jahrhundert war er unbedeutend. Erst mit dem Bahnbau um 1847 und mit dem Kurbetrieb belebte er sich erheblich. Er ist Bahnknotenpunkt und Kreuzung der Radfernwege Hamburg-Rügen und Elbe-Ostsee.

Mit Heilverfahren „gegen Schäden aller Art an Knochen, Muskeln und Gelenken, Versteifungen und Verkrümmungen“ wollte man in der Wasserheilanstalt (seit 1860) nach dem Vorbild des Pfarrers Kneipp den Menschen Linderung bringen. Schon sehr bald fanden sich zahlreiche Patienten ein. 1895 entstand ein völlig umgebautes Kurhaus. 1915 erhielt Kleinen den Zusatz „Bad“. Während beider Weltkriege diente das ehemalige Kurhaus als Lazarett.

Die Selbstmörderin *Im Mai 1875 fand man vor Kleinen die Leiche der Tochter eines Schweriner Gastwirtes. Das Mädchen war eine Selbstmörderin und nach damaliger Auffassung eines üblichen Begräbnisses unwürdig. Die Kleinener „Honoratioren“ sollen, auf dem Sarg sitzend, mit der Leiche unter Gejohle zum Friedhof nach Hohen Viecheln gekutscht sein. Und der Viechelner Pfarrer habe bestimmt, die „unwürdige“ Tote nicht durch die Friedhofspforte zu tragen, sondern über die Mauer auf den Friedhof zu heben.*

Schweriner See am Eiertunnel

Der Eiertunnel *Um den Gästen der Kuranlage jederzeit den Zugang zum See zu ermöglichen, baute man unter den Gleisanlagen der Eisenbahnstrecke eine Unterführung. Wegen ihrer Form wird sie „Eiertunnel" genannt. Bekanntheit erreichte er durch ein tragisches Ereignis. 1922 durchschritt eine Frau den Tunnel und fand im Schweriner See den Tod - die Mutter des Welt bekannten Bildhauers Ernst Barlach. Louise Barlach war 77 Jahre alt, litt unter körperlicher Schwäche, nervösen Störungen und Angstzuständen und war in Bad Kleinen in medizinischer Behandlung. Sie selber fühlte sich als Last für ihren berühmten Sohn. Die näheren Umstände ihres Todes wurden aber nicht geklärt.*

Zum Eiertunnel: Vom Bahnhof aus die Straße Richtung Gallentin nehmen. Links einbiegen zum Eiertunnel. Dahinter verläuft am Seeufer der Wanderweg nach Gallentin, Lübstorf/ Wiligrad.

Weitere Tipps

Tourist-Information. Tel. 038423 - 58171

Bahnhof. Erbaut um 1848. Traurige Bekanntheit erlangte er durch die Geschehnisse vom 27. Juni 1993. Beim Versuch, zwei RAF-Mitglieder festzunehmen, kam es auf dem Bahnhofsgelände zu einem Schusswechsel. Ein Beamter der GSG 9 und ein RAF-Mitglied wurden getötet.

Für das leibliche Wohl

Sportlerheim

23996 Bad Kleinen, Waldstr. 56, Tel.: 038 423 - 252

Übersichtskarte zu Kapitel VIII

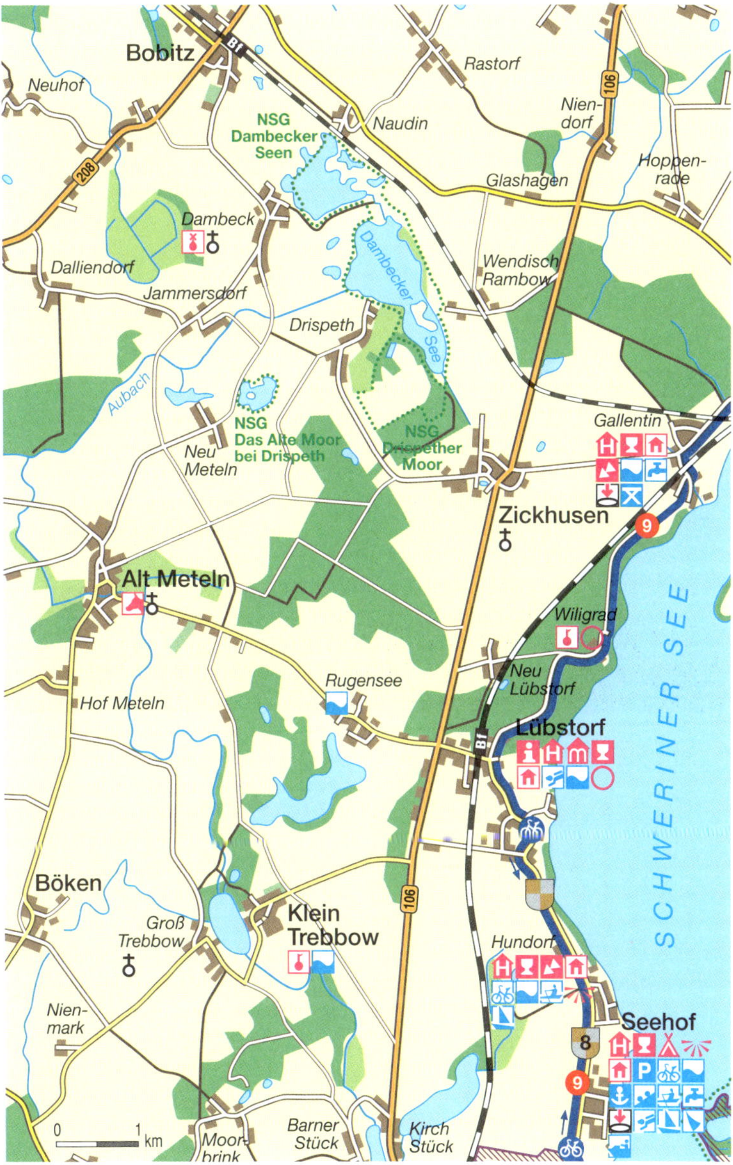

Legende siehe Karte auf Seite 34

VIII. Am Westufer

Das hüglige und Seen reiche Land westlich des Schweriner Sees ist altes Siedlungsgebiet. Hier befinden sich an die 30 Hügelgräber. Mit ihnen werden auch wie beim Königsberg nahe Alt Meteln viele Spukgeschichten verbunden sein, sie sind aber durch die Feldforschung längst nicht alle ermittelt oder aus den Akten noch nicht erschlossen. Bisher Gefundenes wird im Folgenden vorgelegt.

Die Insel Rethberg im Schweriner See bei Wiligrad

Lübstorf/Wiligrad

Bei Lübstorf, 1209 als Bauerndorf erstmals erwähnt, erreicht der Schweriner Außensee mit fünf km seine größte Breite. Die Landschaft um den Ort ist von Wäldern und weiten hügeligen Feldern geprägt und grenzt an das Landschafts- und Naturschutzgebiet Trebbow – Rugensee. Alte Alleen verbinden das Dorf mit den Nachbargemeinden. Die sich am Schweriner See hinziehende Endmoräne wird im Westen vom Tal des Aubaches begrenzt. Dieser fließt durch den Trebbower und den Medeweger See bis in den Pfaffenteich im Herzen Schwerins.

Seit 2009, zur 800-Jahr-Feier des Dorfes, erstrahlt der denkmalgeschützte Bahnhof in neuem Glanz. In Lübstorf hat das Mecklenburger Drehorgelorchester seinen Sitz (Gasthaus zum Retheberg).

Nahe Lübstorf befindet sich die große **Schlossanlage von Wiligrad**, mit Wirtschaftshöfen, Bedienstetenhäusern, Stallanlagen, Kutschenmanufaktur und einer Gärtnerei, alle im gleichen Stil wie das Schloss erbaut. Sie ist über eine Asphaltstraße erreichbar, aber auch über den gut ausgeschilderten Friedrich-Franz-Weg (Wanderweg, drei km). Die ehemalige herzogliche Promenade beginnt in Lübstorf am Abzweig nach Wiligrad und führt durch Buchen- und Nadelwaldbestände mit zahlreichen Hügelgräbern. Sie verweisen darauf, dass bereits vor 4000 Jahren Menschen in diesem Gebiet siedelten und Jagd und Fischfang betrieben. Das auf einem künstlich aufgeschütteten Hügel stehende Friedrich-Franz-Denkmal ist von neun Findlingen umgeben, die den sagenhaften Boitiner Steintanz bei Bützow, eine slawische Kultstätte, nachstellen. Interessante unberührte Biotope säumen die Strecke ebenso wie Bäume mit kuriosen Spechtlöchern und Baumpilzen.

Schloss Wiligrad liegt am Steilufer des Schweriner Sees. In der Nähe sieht

Neorenaissanceschloss Wiligrad

man die kleinen Inseln Lieps und Rethberg. Das Schloss wurde 1896-98 im Auftrag von Herzog Johann Albrecht (1857-1920) im Stil der Neorenaissance errichtet. Der sehr traditionsbewusste Herzog benannte es nach der 1000 Jahre alten slawischen Hauptburg (beim heutigen Dorf Mecklenburg). Welikijgrad hieß diese einst, „große Burg". Aus dem slawischen Wort wurde das deutsche Mikilinburg und daraus Meklenburg, heute mit ck geschrieben. Der Name Wiligrad ist dann wieder die Rückbesinnung auf die ursprüngliche slawische Bezeichnung. Im Schloss hat der Kunstverein Wiligrad e.V. sein Domizil. Er organisiert u.a. Galerie- und Kabinettausstellungen sowie Bildhauerpleinairs.

Neben dem Schloss entstand 1896-1903 ein Waldpark von über 200 ha. In ihm wurden viele Denkmäler, Skulpturen, Säulen, Brunnen, Gedenksteine und Teiche sowie künstliche Wasserläufe angelegt und Wege aufgeschüttet. Ein für damalige Verhältnisse hochmodernes Wasserleitsystem versorgte die Bäche.

Im Schlosspark stehen zahlreiche, z. T. exotische Gewächse (u. a. Ahornblättrige Platane, Chinesische Kopfeibe, Gingkobaum, Griechische Tanne, Hemlocktanne, Kegeleiche, Magnolie, Nordmanntanne, Roteiche, Scheinzypresse, Tulpenbaum, Zirbelkiefer).

Der Taufstein aus der Döpe *An diesem Taufstein aus dem Döpesee sollen sich die obotritischen Slawen der Burg Dobin während des ersten Wendenkreuzzuges 1147 haben taufen lassen. Nach dem*

Der ehemalige Taufstein aus der Döpe bei Hohen Viecheln dient jetzt im Schlosspark als Springbrunnen

Abzug der Deutschen hätten sie ihren alten Glauben aber wieder angenommen. Vielleicht, wenn man genau hinhört, erzählen einem die alten steinernen Münder auf dem Sockel lange vergessene Geschichten über das Gegeneinander von Deutschen und Slawen und so manches merkwürdige Schicksal.

Die Burg Dobin und der Döpesee befinden sich nordöstlich des Schweriner Sees (s. Kap. VII). Der Stein datiert zwar von vor 1220, die Geschichte dazu aber ist nicht verbürgt. Auch warum der Taufstein in der Döpe versenkt wurde, ist nicht geklärt. Möglicherweise „vernichteten" aufständische Obotriten das Symbol ihrer geistigen Knechtung auf diese Weise. Eigenartig sind auch die Umstände, wie der Stein nach Wiligrad gelangte und die Gründe, ihn auf die hier geübte Weise zu verwenden.

Treppe zur Elisabeth-Quelle unterhalb des Schlosses am Steilufer des Schweriner Sees

Die Quelle aus Tränen *Einst lebten am Schweriner See zwei gewaltige Riesen, der Riese Triefnase bei Retgendorf und der Riese Träumer auf der großen Waldlichtung, wo sich jetzt das Schloss Wiligrad erhebt. Und in Lübstorf lebte das Mädchen Elisabeth. Sie sang, wo sie ging und stand, auch beim Wäschewaschen. Dem Träumer machte das großes Vergnügen. Der Riese Triefnase aber wurde eifersüchtig. Als Elisabeth wieder einmal ihre Wäsche im See wusch, machte er mit seinen Riesenfüßen eine große Welle, die das Mädchen weit in den See zog. Aber der Träumer rettete sie mit seiner Riesenhand. Da riss Triefnase eine dicke Buche aus der Erde und erschlug ihn damit. Nun sollte das Mädchen für ihn singen. Elisabeth jedoch konnte nur noch weinen. Triefnase schleuderte sie auf die Waldlichtung zurück, stieß dort ein tiefes Loch in die Erde, warf sie hinein und schaufelte Sand darüber. Das Mädchen weinte und weinte. Und ihre Tränen brachen schon bald als Quelle aus dem Steilufer.*

Die Leute von Lübstorf behaupten, wenn ein junges, freundliches Mädchen am Ostermorgen vor Sonnenaufgang, ohne zu sprechen, zur Quelle geht und sich das Gesicht darin wäscht, dann wird es schön wie Elisabeth und mehr als hundert Jahre alt.

Frühere Schlossbewohner holten hier zur Osterzeit „in Verschwiegenheit" ihr Osterwasser.

Weiterer Tipp

Für das leibliche Wohl

Zum Rethberg

Gasthaus am Schweriner See
Hotel und Restaurant
19069 Lübstorf, Feldweg 1
Telefon: 03867-61110

Alt Meteln

Das 1284 erstmals urkundlich erwähnte Bauern- und Handwerkerdorf liegt ca. 16 km nördlich der Landeshauptstadt Schwerin, im Aubachtal, inmitten einer Landschaft mit Hügeln, Söllen, Gräben und Teichen. 1997 wurde es als umweltfreundliche Kommune ausgezeichnet. Zahlreiche alte Gebäude sind liebevoll saniert, Neubauten von reichlich Grün umgeben, und im Wolters Holz am Rand des Dorfes liegen etliche Wanderwege. Häufig ist das Dorf Ziel von Kunstinteressenten aus der Umgebung. Im Piano-Haus Kunze werden nicht nur Pianos verkauft und repariert, hier kann man Musikunterricht nehmen und Konzerte genießen. Auch bildende Künstler haben sich in der Gemeinde angesiedelt.

Die Metelner Kirche ist ein gotischer Backsteinbau aus der zweiten Hälfte des 13. Jahrhunderts. Ein daran angebauter Kirchturm wurde 1795 abgerissen, die aus der Mauer herausragenden Steine am Westgiebel sind die letzten Überreste des Turms. Statt dessen wurde für die drei Glocken ein freistehender hölzerner Glockenstuhl errichtet.

Die kleine Glocke von 1516 ist nach der Heiligen Katharina benannt und trägt deren Abbildung. Bis heute blieb sie der Gemeinde erhalten. Die beiden großen Glocken (1663 bzw. 1750) wurden 1941 zu Kriegszwecken eingeschmolzen. Erst 1956 bekam die Gemeinde zwei neue. Die Kirchhofsmauer aus Feldsteinen stammt vom Ende des 16. Jahrhunderts.

Die Straße in Richtung Rugensee führt am denkmalgeschützten Pfarrhof vorbei. Über die Pfarrscheune (1805) ist der Bauantrag des damaligen Pastors erhalten. Darin heißt es u. a.: „So unterwinde mich in der Anlage A und B den Riß, und Holtz-Anschlag zu einer neuen Scheune, und darin befindlichen Kornboden zur Gnädigsten Bewilligung in tiefster Unterthänigkeit zu Füßen zu legen. …. In der zuversichtlichsten Hoffnung einer Gnädigsten Erhörung ersterbe in tiefster Devotion Ew. Herzogl. Durchl. unterthänigster Knecht S. Raettig."

Die Scheune ist nach umfangreichen Sanierungsarbeiten seit 1996 eine beliebte Begegnungsstätte im Dorf.

Die 1805 gebaute Pfarrscheune

Blick in einen Hof der Königstraße von Alt Meteln

Eine weitere Besonderheit Alt Metelns ist die Königstraße, wegen ihres sagenhaften Namens. Zwischen 1850 und 1871 entstanden hier auf einem Acker Häuslereien für Tagelöhner. Der Straßenname soll daher rühren, dass um 1900 in den oberen zwei oder drei Häusern je eine Familie namens König gewohnt haben soll. Nachforschungen in den Häuslereiakten bestätigten dies allerdings nicht. Eine Sage also.

Verlässt man nun Alt Meteln auf der Königstraße in Richtung Zickhusen, gelangt man auf einen breiten Feldweg. Vorbei am Sportplatz und der dahinter liegenden Koppel kommt man nach ca. 100 bis 150 Metern auf der rechten Seite zu einer Feldauffahrt. Hinter dem Feld erkennt man die Aubachniederung, umsäumt von uralten Kopfweiden. Den ursprünglich vorhandenen Zufahrtsweg gibt es heute nicht mehr. In diesen Aubachwiesen spielte sich 1812, während der Befreiungskriege, ein Drama ab. Ein Trupp französischerSoldaten, des Weges unkundig, wäre von Dorfbewohnern irregeführt worden und in den damals noch morastigen Aubachwiesen versunken. Eine andere Version erzählt von einem Gefecht in den Aubachwiesen. Die Franzosen wären ins tiefe Moor gedrängt worden und dort umgekommen. Eine weitere Sage?

Nun aber zu einer „richtigen" Sage. Auf dem gut ausgebauten Radweg in Richtung Rugensee (Eilige können auch das Auto auf der daneben liegenden Straße nutzen) kommt man nach ca. 1 km nach Alt Meteln Ausbau. Dahinter wird die Chaussee von einer Straße mit dem seltsamen Namen „Rote Flöte" gekreuzt. Die Rote Flöte war Teil der mittelalterlichen Handelsstraße von Lüneburg nach Wismar. Auf ihr zogen die

Kaufmannszüge mit ihren Waren, vorwiegend mit Salz. Hier an der Kreuzung stand eine Pferdewechselstation, genannt „Holl an" (Halt an). War die Raststätte überfüllt, übernachteten einige Kaufleute im nahe gelegenen Krug in Meteln. Um den am nächsten Morgen aufbrechenden Kaufmannszug nicht zu verpassen, wurde ihnen von der Raststätte ein Signal gegeben, und zwar mit einer roten Flöte. Die Flöte und das Signal waren für diese Station so typisch, dass sie und letztendlich auch die Straße danach benannt wurden.

Nach einer anderen Erzählung führte ein kleiner, heute kaum noch zu sehender Bach in der Nähe zur Namensgebung. Dieser war oft mit rötlichen Algen bewachsen. Den Bach nannte man deshalb im Volksmund „Rotes Flies", plattdeutsch „Rot Fleet/ Fleut". Daraus soll dann im Laufe der Jahre „Rote Flöte" geworden sein. Direkt an der Kreuzung Rote Flöte liegt der sagenhafte Steinkreis.

Die sieben bösen Brüder *Dicht am Kreuzweg lagen früher sieben Steine, sechs im Kreis und einer genau in der Mitte. Dort sollen die Metelner in alten Zeiten zusammen gekommen sein und auch Gerichtstag gehalten haben.*

Die Steine waren einst sieben böse und gottlose Brüder. Eines Tages spielten sie mit ihrem Brot Kegeln. Und als ein armer Mann sie bat, ihm etwas Brot zu geben, weil er schon lange nichts mehr zu essen bekommen hatte, warfen sie es ihm an den Kopf. Da erschien ein Engel mit weißen Flügeln. Er verwandelte die Knaben zu Stein. Nur der Jüngste, der sein Brot schon aufgegessen und deshalb nicht mitgespielt hatte, durfte nach Hause gehen. Aber er sollte sich auf keinen Fall umsehen. Der glaubte jedoch, den Engel überlisten zu können, bückte sich und sah durch die Beine zurück. Da wurde auch er zu Stein.

Wer jetzt in der Dämmerung dort vorbei geht, kann da manchmal weiße Gestalten sitzen sehen. Und wer sich nicht vorsieht, der verläuft sich an dieser Stelle und findet erst im Morgengrauen den rechten Weg.

Gegen Hexen und Teufel *Vor langer Zeit lebte in Alt Meteln eine Unmenge von Hexen. Das konnte man daran erkennen, dass das Vieh massenweise in den Ställen verendete und viele Kinder erkrankten und starben. Niemand wusste, wer von den Dorfweibern zu den Hexen gehörte. Nur zwei Brüdern mit ganz bestimmten Eigenschaften konnte es gelingen, die Hexen zu entlarven. Endlich wurden diese zwei Brüder geboren, die alle Bedingungen erfüllten und sie unternahmen auch das schwierige Wagnis erfolgreich. Sogar den Tücken des Teufels, der den Hexen helfen wollte, widerstanden sie. Danach wussten die Brüder, dass fast einhundert von den Dorfweibern Hexen waren. Sie hätten nun ein ganzes Jahr lang über ihre Erlebnisse schweigen müssen. Das aber konnten sie nicht und das war denn auch ihr Untergang. Der eine der beiden Brüder, der Jäger, erschoss sich im gleichen Jahr aus Versehen. Und der andere, der Fischer, fiel ins Wasser und ertrank.*

Aus Archivakten geht hervor, dass das Dorf tatsächlich auffallend häufig von Viehseuchen heimgesucht worden war. Allein zwischen 1720 und 1785 ist von wenigstens 26 Seuchenausbrüchen die Rede.

Weitere Tipps

Museumshof. Mit Bauerngarten, Sägegatter, Backofen und einer kleinen Sammlung landwirtschaftlicher Geräte. Ortsausgang Moltenower Straße.

Heimatstube im Gemeindehaus. Gegenstände des Alltags aus vergangenen Zeiten.

Piano-Haus Kunze. Telefon 03867-530240

19069 Alt Meteln, Lübstorfer Str. 11

Bilder im Atelier. Ursula Bahr. Telefon: 03867-832

19069 Alt Meteln, Kornblumenweg 1

„dichterGarten". Texte und Landschaft, Ein- und Ausblicke.

Vera Doneck. Telefon: 038424-22113

19069 Alt Meteln, Sandweg 1 (nahe Dambecker Mühle)

Böken

Böken befindet sich 10 km westlich der Landeshauptstadt Schwerin. Das einstige Großbauerndorf wurde urkundlich erstmalig 1284 erwähnt. Die plattdeutsche Bezeichnung Böken bedeutet „ Buchen". Die Buchen wurden auch zum Wahrzeichen des Dorfes. Einige der Großbauernstellen sind noch erhalten, werden jetzt aber allein zu Wohnzwecken genutzt.

Lustig Kiekut *Ein Hof am Vossberg (Fuchsberg), am nordwestlichen Ende des Dorfes, hat den Namen „Lustig Kiekut". Hier soll früher ein Bauer namens Lustig gewohnt haben. In unruhigen Zeiten hatte er die Aufgabe, vom Berg aus die dort abzweigenden Strassen zu beobachten. Im Falle einer drohenden Gefahr konnte er dann die Bauern warnen. Diese mahnten oft: „Lustig, kiek ut!" Und so heißt der Hof noch heute.*

Der Vossberg liegt am Ende des Dorfes (in Richtung Dalberg). Auf der rechten Seite befindet sich die Straße „Am Vossberg" mit Einfamilienhäusern.

Der Hundespuk auf der Brücke *Beim „Spitzeck", nahe dem Vossberg, wo drei Wege abgehen, fließt ein kleiner Graben. Darüber führt eine Brücke. Auf dieser spukt es. Hier soll des Nachts öfter ein großer schwarzer Hund sitzen. Ein Dalberger Arbeiter musste einmal zu nächtlicher Stunde den Weg im Nebel gehen. Da drückte sich plötzlich sein Hund furchtsam an ihn. Und durch den Nebel hindurch sah der Arbeiter auf der Brücke den schwarzen Hund. Nun bekam auch er es mit der Angst zu tun und nahm einen anderen Weg.*

Am Vossberg

Der Reiter ohne Kopf *Nördlich vom Dorf Böken ist die „Räden Brügg". Hier soll ein Reiter ohne Kopf nachts die Leute erschrecken.*

Groß Trebbow

Das Dorf (1262 erstmals urkundlich erwähnt) liegt an der Westseite des Trebbower Sees. Die gotische Kirche befindet sich im alten Dorfkern. Sie stammt aus der Mitte des 15. Jahrhunderts. Da war sie ein flach gedeckter Backsteinsaal mit fünfseitigem Ostschluss und hatte außen Stützpfeiler. Bemerkenswert an der Inneneinrichtung sind besonders das Ensemble aus Kanzel mit Beichtstuhl von 1689 sowie der Altar aus dem Jahre 1691. Die Orgel – ein Werk von Friedrich Friese – wurde 1855 für die Schlosskirche Schwerin gebaut und 1913 nach Groß Trebbow umgesetzt. Der hölzerne Glockenstuhl und die Glocke wurden im 17. Jh. geschaffen.

Der Hase vom Königshof *Bei Groß Trebbow lag auf einer Höhe ein großer Hof, der Königshof. Dort lebte einst ein Bauer, der auffallend viel Pech mit seinem Vieh hatte. Eines Tages bemerkte er im Garten einen dreibeinigen Hasen. Der Bauer holte schnell das Gewehr. Als er auf den Hasen schoss, schrie seine alte Mutter hinter dem Johannisbeerbusch auf. Der Bauer wusste nun, dass sie eine Hexe und die Ursache des Viehsterbens war und schoss sie tot. Dafür bekam er vier Jahre Zuchthaus. Während dieser Zeit hielt seine Frau es mit dem Knecht und bekam ein Kind. Nach der Entlassung aus der Haft ging der Bauer nach Amerika.*

Gehöft am Königsberg

Der Königsberg liegt von Groß Trebbow aus Richtung Pingelshagen, ca. 600 m hinter Groß Trebbow Ausbau, an der Kreuzung Böken – Nienmark, an einem von Bäumen umsäumten Feldweg linker Hand. Königshöfe sollen schon zur Zeit von Kaiser Karl dem Großen (768 – 814) existiert haben. Der Besitzer war verpflichtet, für den Fall einer Hofjagd eine Meute Hunde, eine bestimmte Anzahl Pferde und genügend Quartier für den Herrn und sein Gefolge bereit zu halten. Ob die Erhebung daher ihren Namen hat oder einfach so heißt, weil hier einst eine Familie König wirtschaftete, ist nicht gewiss. Die Königsstraße in Alt Meteln soll ihren Namen von zwei Familien König haben, die einst in der Straße lebten.

Königsberg bei Böken, Groß Trebbow, Nienmark

Schloss Klein Trebbow

Klein Trebbow

Klein Trebbow liegt westlich des Schweriner Sees am Trebbower See. Zur Gemeinde gehören ein Teil des Landschaftsschutzgebietes Aubachtal und das Naturschutzgebiet um den Rugensee.

Der ursprüngliche Gutscharakter ist heute noch gut sichtbar, da sich zahlreiche Nebengebäude des Schlosses erhalten haben. Sagen sind von Klein Trebbow (noch) nicht bekannt. Dieser Ort kündet aber von sagenhaftem Verantwortungsbewusstsein und Mut einiger der Männer des 20. Juli, dem Tag des Attentats auf Hitler 1944. Deshalb nehmen wir Klein Trebbow auf in unsere Sammlung sagenhafter Orte rund um den Schweriner See.

Das Schloss entstand 1868 aus einem Herrenhaus. Es hat eine hohe architektonische Qualität und ist von kunsthistorischer Bedeutung. Im Schloss wohnte Fritz-Dietlof Graf von der Schulenburg. Er war führend beteiligt an der Vorbereitung des Attentats. Sein Bekenntnis vor dem Volksgerichtshof: „Wir haben diese Tat auf uns genommen, um Deutschland vor namenlosem Elend zu bewahren. Ich weiß, dass ich dafür gehängt werde, bereue es aber nicht."

Denkstätte Teehaus Klein Trebbow. Hier berieten Ostern 1944 führende Mitglieder des Widerstandes mit Claus Graf Schenk von Stauffenberg die Vorbereitung des Attentats.

Teehaus im Landschaftspark

Weitere Tipps

Landschaftsspark. Er stammt aus dem 19. Jahrhundert und enthält einen besonders schönen alten Baumbestand – zum Teil Naturdenkmale: Ahornblättrige Platane, Eschenahorn, Esskastanie, Feldahorn, Gelbkiefer, Eibe, Esche, Fichte, Gleditschie, Götterbaum, Kaukasische Flügelnuss, Kaukasusfichte, Persische Eiche, Riesenlebensbaum, Robinie, Rosskastanie, Rotbuche, Roteiche, Säuleneiche, Sommerlinde, Spitzahorn, Stechfichte, Stieleiche.

Die Standorte der Einzelbäume sind auf einem Lageplan im Park gekennzeichnet.

Trebbower See

Der etwa 21 ha große See hinter dem Schloss stammt aus der Eiszeit. Zum Fischbestand zählen Weißfische, Hecht und Aal. In der näheren Umgebung des Gewässers findet man u.a. naturnahen Laubmischwald, Feuchtwiesen und Erlenbrüche.

Lütt-See

Der Lütt-See hinter dem Landschaftspark ist ein verlandender Restsee von ca. einem Hektar Größe. Er ist nur eineinhalb bis zwei Meter tief und besitzt eine starke Schlammschicht. Der See liegt in einer Senke mit Erlenbrüchen und Torf und Faulschlamm. In seiner Umgebung befinden sich überwiegend Laubmischwälder mit eingestreuten wertvollen Nadelbäumen. An Fischen hat er u.a. Hecht und Rotfeder. Außergewöhnlich viele gelbe Seerosen blühen hier.

Im Vordergrund die Kaukasische Flügelnuss im Landschaftspark

Hundorf

Das Bauerndorf wurde bereits 1171 urkundlich erwähnt. Seit 1872 ist es mit Lübstorf zusammengelegt. In Hundorf dominieren gepflegte Einfamiliengrundstücke und Ferieneinrichtungen mit Bademöglichkeiten.

Größter Schwindler unter der Sonne *Ein Häusler beschwerte sich 1898 beim Innenministerium in Schwerin darüber, dass er und seine Frau doppelt und daher zu hoch besteuert würden. Seine Frau müsse, damit die Familie überleben könne, im Haus einen Kramladen betreiben. Das Amt überprüfte den Sachverhalt und schrieb dem Ministerium: „Beschwerdeführer ist der größte Schwindler, den die Sonne bescheint. Er ist nur darauf aus, in irgendeiner Weise die Gesetze zu umgehen und sich seinen Verpflichtungen zu entziehen."*

Eine Frau mit Vermögen *Die Frau eines Häuslers beantragte in Schwerin Erlass ihrer Abgaben. Da ihr Mann 66 Jahre alt und bettlägerig wäre und sie mit 60 Jahren nicht mehr arbeiten gehen könne, bat sie um Nachsicht. Die Abgaben hatten sich nach dem Straßenbau von acht Mark auf 10,50 Mark erhöht. Der Antrag wurde abgelehnt. Sie wäre nicht unvermögend: Sie hätte keine Schulden bei der Gemeindekasse und ihr Mann bezöge eine Rente von 12,30 Mark.*

Gleichbehandlung *1927 gab es in der Schweriner Region einen verregneten Sommer. Die Ernte ging teilweise verloren. Anfang 1928 durften die Bauern aus Landesmitteln Unterstützung für die Überwindung der Ernteschäden beantragen. Sowohl der Gutsbesitzer Kuskop aus Seehof als auch der Erbhofpächter Cromer aus Hundorf erhielten sie auch. Die Büdner und Häusler stellten anfangs keine Anträge. Man hatte von Amts wegen verkündet, dass die Ernte-Darlehensbeträge nur gegen Schuldschein und Zinssatz ausgereicht würden. Als später bekannt wurde, dass sie unter bestimmten Vorraussetzungen vom Land als „verlorener Zuschuss" gegeben würden, setzte eine Antragsflut ein. Die Geldmittel aber waren schon ausgegeben.*

Reethaus am Schweriner See

Weitere Tipps

Kirchstücker See

Südwestlich des Ortes. Mit Bootsanlegern. Für den Angler u.a. Aale, Barsche, Hechte, Karpfen, Schleien und verschiedene Weißfischarten. Wegen des Schilfgürtels ist nur Bootsangeln möglich.

Naturschutzgebiet Dambecker Seen

Bei Drispeth. Mit seinen teilweise breiten Schilfröhrichten, Mooren, Feuchtwiesen, Wäldern und der alten bäuerlichen Kulturlandschaft bietet es geeignete Lebensräume für zahlreiche geschützte Tier- und Pflanzenarten. Vom Aussterben bedrohte Tierarten wie Seeadler, Kranich, Rohrdommel, Bartmeise und Fischotter haben darin noch ihr Domizil. Seltene Pflanzen wie Sonnentau, Wollgräser, Sumpfporst, Königs- und Rippenfarn kann man ebenfalls hier entdecken.

Seehof

Das Dorf liegt direkt am hohen Westufer des Schweriner Sees. Es entstand durch Zusammenlegung von drei Erbpachthöfen und erhielt erst 1838 seinen heutigen Namen. Besiedelt ist es aber schon seit mehreren tausend Jahren. Belegt ist dies durch Funde von Werkzeugscherben wie Pfeilspitzen, Bohrern und Beilen. Die Nähe zum See und die romantische Uferlandschaft bieten viele Freizeitmöglichkeiten, auch für Nutzer des großen internationalen Campingplatzes (18 ha). Bemerkenswert ist der schöne Badestrand mit großer Liegewiese.

Beim Oberförster. Der Kulturverein Sagenland Mecklenburg-Vorpommern gestaltete den Sagenort neu.

Den nicht Eingeweihten wird es vielleicht verwundern, dass die Besatzungen der Ausflugsdampfer und Segelboote bei Seehof zum Ufer hin in geziemender Haltung „Guten Tag, Herr Oberförster!" grüßen - es ist aber kein Förster zu sehen. Auf der kleinen Landzunge stand einst eine Eiche, die nie gefällt wurde. Nachdem sie durch ein Unwetter vor etwa 50 Jahren fiel, wurde an gleicher Stelle eine neue Eiche gepflanzt. Was hat es mit dem seltsamen Gruß auf sich?

Der Oberförster – Tod aus Liebe *Hier soll einstmals ein Oberförster aus Liebeskummer seinem Leben ein Ende bereitet haben. Wie die Alten sagten, war es deshalb ein seit langem gepflegter Seemannsbrauch, den Baum auf der Landzunge so zu grüßen. Welcher Seefahrende wollte schon den Zorn der Ünnerirdischen oder des Seeungeheuers auf sich ziehen, wenn er das Grüßen vergaß!*

Es gibt aber auch eine andere Sage von unserm Oberförster.

In Seehof stand einst ein großer Wald. Als der Graf, dem der Wald gehörte, wieder einmal pleite war, beschloss er, den Wald abzuholzen und zu verkaufen. Der Oberförster liebte den Wald sehr und flehte den

Grafen an, die Bäume doch stehen zu lassen. Vergebens. Die Holzfäller kamen und ein Baum nach dem anderen fiel unter ihren Sägen. Der Oberförster trauerte mehr und mehr und als nur noch ein Baum stand, war er so verzweifelt, dass er an der Eiche seinem Leben ein Ende bereitete.

Weiterer Tipp

Ferienpark Seehof

19069 Seehof, Am Zeltplatz 1, Telefon: 0385-512540

Für das leibliche Wohl

Gaststätte Zum Oberförster

19069 Seehof, Am Zeltplatz 1, Telefon: 0385-550011

Bus- und Bahnverbindungen

NVS, Nahverkehr Schwerin
19061 Schwerin, Ludwigsluster Chaussee 72
Telefon 0385 – 399 02 22
www..nahverkehr-schwerin.de

SGS, Bus & Reisen GmbH Schwerin GmbH
Grevesmühlener Straße 18, 19057 Schwerin, Telefon: 0385–485 37 50
www.sgs-busundreisen.de

Buslinie 100 „Rund um den Schweriner See". Fährt von Anfang April bis Anfang Oktober. Abfahrt und Ende ist der Hauptbahnhof Schwerin. Fünf Mal täglich werden angefahren: Platz der Jugend, Zippendorf und Mueß in Schwerin, die Orte Raben Steinfeld, Godern, Gneven, Vorbeck, Kritzow, Langen Brütz, Leezen, Rampe, Paulsdamm sowie Forsthof und die Knaudtstraße wieder in Schwerin. Auskunft: SGS / NVS.

BBW, Busbetriebe Wismar GmbH
23970 Kritzow, Rüggower Weg 14 – 16
Telefon 038 41–21 39 67-69
www.bbw-wismar.de

OLA, Ostseeland Verkehr GmbH
19061 Schwerin, Ludwigsluster Chaussee 72
Telefon 0385–3990-300

DB – Deutsche Bahn
Reisezentrum Schwerin
19053 Schwerin, Grunthalplatz 3-4
Telefon 0800 - 1507090
0385 - 7501053
www.fahrplanauskunft.de

Nahverkehrsanbindungen zu den Sagenorten

Alt Metteln .... SGS – Linie 106, 107
Augustenhof .... SGS – Linie 103, 121
Bad Kleinen .... BBW – Linie 123, weiter Linie 280; DB
Basthorst .... SGS – Linie 103, 121
Böken .... SGS – Linie 106, 107
Brahlstorf .... SGS – Linie 103, 170

Cambs	SGS – Linie 101-104, 170, 171
Consrade	SGS – Linie 119
Dämelow	SGS – Linie 171, 174
Flessenow	SGS – Linie 102
Gädebehn/Kladow	SGS – Linie 103, 121
Godern	NVS – Linie 6
Görslow	NVS – Linie 6
Groß Trebbow	SGS – Linie 106, 107
Hohen Viecheln	BBW – Linie 123, weiter Linie 280
Holdorf	SGS – Linie 170, weiter Linie 177
Holzendorf	SGS – Linie 103, 177, 183-186
Karnin	Keine Nahverkehrsanbindung; bis Kleefeld SGS – Linie 170
Klein Trebbow	SGS – Linie 106, 107
Kritzow	SGS – Linie 100, 103, 104
Langen Brütz	SGS – Linie 100, 103
Leezen	SGS – Linie 100 -104
Liessow	SGS – Linie 101, 102, 171
Lübstorf	NVS – Linie 8; DB
Müsselmow	SGS – Linie 124, 177
Neuhof	SGS – Linie 171, 174
NSG Döpe	Keine Nahverkehrsanbindung
Panstorf	SGS – Linie 101-104
Peckatel	SGS – Linie 119, 125, 131
Pinnow	NVS – Linie 6
Plate	SGS – Linie 119, 125; OLA
Raben Steinfeld	NVS – Linie 6; SGS – Linie 100, 104[1]
Rampe	SGS – Linie 100 -104, 170, 171
Retgendorf	SGS – Linie 102
Seehof	NVS – Linie 8
Sukow	SGS – Linie 125; OLA
Tessin	SGS – Linie 170, weiter Linie 177
Ventschow	SGS – Linie 101, 102, 171; DB
Vorbeck	SGS – Linie 100, 103, 104
Wiligrad	NVS – Linie 8
Zaschendorf	SGS – Linie 177
Zietlitz	SGS – Linie 125
Zittow	SGS – Linie 101 -104, 170, 171

[1] 121, 124 -126, 706, 714, 715

Ortsregister

Literaturverzeichnis (Auswahl)

Biesalski, Kurt: Die raubeinigen Zwerge von Mecklenburg. Rostock: Hinstorff 1999.- Bondzio, Siegfried (Hrsg.): Up Schausters Rappen dörch dat Warnowtal. Touristische und historische Erkundungen am Mittellauf der Warnow. Schwerin 2006.- Borchardt, Erika und Jürgen: Das sagenhafte Schwerin. Wanderführer für kleine und große Schweriner und ihre Gäste. Hrsg.: Erika und Jürgen Borchardt in Zusammenarbeit mit dem Kulturverein Sagenland M-V e.V. Erweiterte 2. Auflage. Schwerin 2006.- Falkenberg, Heinz: Um den Schweriner Außensee. Geschichte und Geschichten. Unveröffentlichtes Manuskript.- Gärtner, Gertrud (Bearbeiterin): Die ur- und frühgeschichtlichen Denkmäler und Funde des Kreises Sternberg. Beiträge zur Ur- und Frühgeschichte der Bezirke Rostock, Schwerin und Neubrandenburg. 4. Schwerin:1969.- Dies.: Sagen und Ortsgeschichten aus dem Kreise Sternberg. Unveröffentlichtes Manuskript. Landeshauptarchiv Mecklenburg-Vorpommern, Schwerin.- Dies.: Flurnamen und Sagen im Dorfe Böken, Kr. Schwerin. Unveröffentlichtes Manuskript. Landeshauptarchiv Mecklenburg-Vorpommern, Schwerin.- Holst, Kurt: Hundorf 825 Jahre. Eine Chronik. Hrsg.: Gemeinde Seehof. Seehof 1996.- Keuthe, Burghard: Parchimer Sagen. Teil II. Parchim 1997.- Ders.: Parchimer Sagen. Teil III. Parchim 1999.- Nachtigall, Walter und Dietmar Werner (Hrsg.): Der schweigsame Fischer und andere Volkssagen um Stände und Berufe aus dem Mecklenburgischen. Berlin: Die Wirtschaft 1989.- Pipping, Hans-Peter: Görslow. Ein Dorf im Wandel der Zeit.2004.- Remmel, Herbert: 725 Jahre Pinnow. Beiträge zur Dorfgeschichte von Pinnow-Petersberg. Hrsg. Rat der Gemeinde Pinnow. 1990.- Schnoor, Elke: Chronik des Dorfes Alt Meteln. T. 1.- Schulenburg, Theodor: Ut min Dörp. Rostock: Kaufungen Verlag 1911.- www.wikipedia.de

Die Autoren

Erika Borchardt, Jg. 1944, Kulturwissenschaftlerin, war über ein Jahrzehnt als wissenschaftliche Mitarbeiterin im Schlossmuseum Schwerin tätig. Sie ist Autorin von wissenschaftlichen Arbeiten zur mecklenburgischen Kulturgeschichte und schrieb ein Bühnenstück, ein Hörspiel, ein Puppenspiel sowie mehrere Erzählbücher, vor allem mit Petermännchen-Geschichten.

Jürgen Borchardt, Jg. 1944, Germanist, Dr. phil., war Journalist und wissenschaftlicher Mitarbeiter an der Landesbibliothek Schwerin. Autor und Herausgeber von Geschichten sowie literatur- und kulturhistorischen Arbeiten über Mecklenburg.

Weitere lieferbare Titel aus dem Verlag EDITION digital:

Das sagenhafte Schwerin

Wanderführer für kleine und große Schweriner und ihre Gäste

von Erika und Jürgen Borchardt

Schwerin einmal anders entdecken, durch Wanderungen zu Stätten, an denen Sagenhaftes geschah. Sehenswertes und Geheimnisvolles: Geschichten vom Petermännchen, einem wilden Jäger, einem Mann ohne Kopf , vom Lindwurm sowie anderen Sagenfiguren, dazu Erläuterungen zu den Sagenorten beim Schloss, in der Altstadt und am Schweriner See.

144 Seiten, Paperback

auch als E-Book, 406 Seiten (ohne Illustrationen)

ISBN (Print): 978-3-931646-31-8

ISBN (E-Book): 978-3-931646-80-6

Petermännchen – Der Schweriner Schlossgeist

von Erika und Jürgen Borchardt

Ein Sachbuch über den etwa 1000 Jahre alten Schweriner Schlossgeist: historischer Hintergrund, Vielgestaltigkeit, Wohnstätten, Erlösungsarten, Glauben an seine Existenz etc. Die Vielzahl der Überlieferungen, die Verwandlungen und die verschiedenen und z. T. gegensätzlichen Eigenschaften machen ihn zu einzigartigen Gestalt in der deutschen Mythologie.

144 Seiten, Paperback,

auch als E-Book, 142 Seiten (ohne Illustrationen)

ISBN (Print): 978-3-931646-30-1

ISBN (E-Book): 978-3-931646-80-6

Wie Petermännchen zu Hut und Stelzen kam

von Erika Borchardt

Ein Märchen über die Abenteuer eines kleinen Mannes in einem mecklenburgischen Dorf. Ob es Stier und Greif gelingt, ihn aus dem Kerker des Grafen zu befreien? Zusätzlich zwei Geschichten aus dem Sagenschatz über den Schlossgeist Petermännchen. Mit Illustrationen von Horst Schmedemann und einem Nachwort der Autorin.

72 Seiten, Festeinband

auch als E-Book, 40 Seiten (ohne Illustrationen)

Für Leser ab 5 Jahren

ISBN (Print): 978-3-931646-03-5

ISBN (E-Book): 978-3-86394-029-4

Petermännchen der Poltergeist

von Erika Borchardt

Wie gelangt ein Teufelsgespenst zu den frommen Brüdern im Franziskanerkloster von Schwerin? Warum flieht es ins Fürstenschloss auf der Burginsel? Auf der Grundlage historischer Dokumente: Geschichten um diese Sagenfigur in der Zeit der Reformation, des Dreißigjährigen Krieges und der Aufklärung im 18. Jahrhundert.

Für Leser ab 8 Jahren. Mit Nachwort

E-Book, 58 Seiten

ISBN: 978-3-86394-034-8

Petermännchen. Der geheimnisvolle Zwerg

von Erika und Jürgen Borchardt

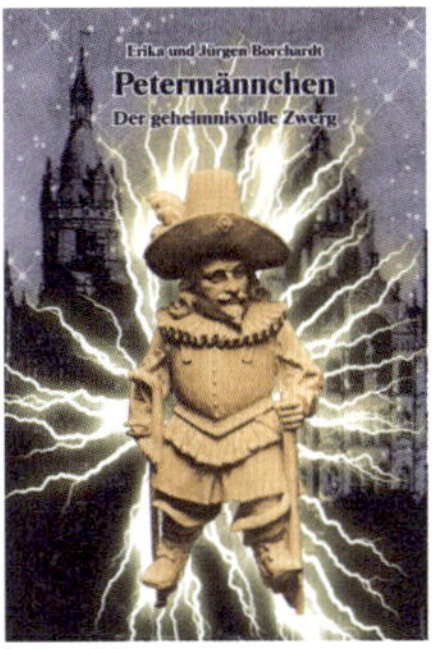

Sagenhafte Geschichten, wie der Schlossgeist neckt, böse Menschen bestraft und Gute belohnt.

Für Leser ab 8 Jahre. Mit Nachwort

E-Book, 68 Seiten

ISBN: 978-3-86394-032-4

Dat Petermänken

Lüdsnacks und Vertellers von den lütten Kierl in't Sweriner Sloß

hrsg. von Jürgen Borchardt

Sammlung von in plattdeutscher Sprache überlieferten Sagen, Redensarten und Berichten über den Schweriner Schlossgeist. Nach Sachgebieten geordnet. Mit einem Nachwort über die in der deutschen Mythologie herausragende Sagengestalt.

E-Book, 46 Seiten

ISBN: 978-3-931646-81-3

Zwei Kahnschnecken voller Gold

Sagen-Geschichten aus Pinnow, Godern und Raben Steinfeld

von Erika und Jürgen Borchardt

Geschichten von Göttern und Unterirdischen, versunkenen Burgen, verzauberten Jungfrauen und verborgenen Schätzen, vom Lindwurm und der Wilden Jagd, von der Weißen Frau, einer Hexe und dem Teufel, vom Petermännchen, einem geheimnisvollen Hund, einem Geldfeuer. Sie spielen in drei idyllischen Dörfern am Schweriner See.

110 Seiten, Paperback

auch als E-Book, 77 Seiten (ohne Illustrationen)

ISBN (Print): 978-3-931646-32-5
ISBN (E-Book): 978-3-931646-78-3

Das Geheimnis der Felsengrotte

Sagen aus Schwerin und Umgebung

Gesammelt und z. T. neu erzählt von Erika Borchardt

Drei Dutzend Geschichten, bisher verstreut publiziert oder nur mündlich verbreitet: von der Grünen Glocke im Schweriner Dom, dem Wilden Jäger in Ostorf und Wüstmark, von Geistern bei Pinnow, Peckatel und Brüsewitz u.v.a.m., darunter auch Sagen vom berühmten Schweriner Schlossgeist Petermännchen.

E-Book, 99 Seiten

ISBN: 978-3-931646-79-0

De Verkihrsdüwel

oder Im Paradies des Verkehrsteufels

von Erika Borchardt

In einer Schulklasse sind einige Kinder spurlos verschwunden. Gemunkelt wird, der Teufel habe die Kinder geholt – der Verkehrsteufel. Ob man sie befreien kann? Das Stück ist mit lustigen Zeichnungen der 13-jährigen Schülerin Juliane Thern illustriert.

36 Seiten, Broschur

ISBN: 978-3-931646-18-9

Der Durst der Seele

Mein Weg vom Pimpf zum NVA-Offizier, CIA-Agenten und Alkoholiker – Ein Lebensbericht von Ernst Klatt, bearbeitet und herausgegeben von Jürgen Borchardt

Der Autor, Jg. 1932, erzählt vom Leben der Deutschen in Westpreußen und Pommern, vom Verlust der Heimat, von amerikanischer und sowjetischer Besatzung in einem westmecklenburgischen Dorf. Der Offizier, Frauenheld und fröhliche Trinker gerät in die Mühlen des Kalten Krieges: CIA, Zuchthaus, Alkoholiker. Ein Absturz ohnegleichen.

136 Seiten, Paperback

auch als E-Book, 179 Seiten (ohne Illustrationen)

ISBN (Print): 978-3-931646-23-3

ISBN (E-Book): 978-3-931646-82-0

Schwerin auf historischen Ansichtskarten

von Gisela Pekrul und Manfred Krieck

360 historische Ansichtskarten der Altstadt, Schelfstadt, Paulsstadt und Feldstadt mit ausführlicher Beschreibung des historischen Hintergrundes und alten Adressbuchauszügen, 280 aktuelle Bilder, Sagen, Anekdoten, clevere Funktionen.

Teil 1: Schwerin in den Grenzen von 1884

ISBN: 978-3-931646-34-9 (CD-ROM)

ISBN: 978-3-931646-73-8 (E-Book ohne Altstadt)

ISBN: 978-3-86394-037-9 (E-Book Altstadt)

Teil 2: Schloss und Umgebung

300 historische Ansichtskarten: Schloss, Alter Garten, Schlossgartenallee, Fauler See, Parade der britischen Besatzer usw. Dazu 150 aktuelle Bilder von der Bundesgartenschau 2009, 200 beschriebene Rückseiten, Sagen vom Schlossgeist Petermännchen.

ISBN: 978-3-931646-37-0 (CD-ROM)

ISBN: 978-3-931646-74-5 (E-Book)

Teil 3: Stadterweiterungen nach 1884

300 historische Ansichtskarten: Schelfwerder, Lewenberg, Sachsenberg, Gartenstadt, Ostorf, Lankow, Friedrichsthal, Krebsförden, Wüstmark, Stern Buchholz, Görries, Neumühle, Warnitz, Wickendorf, Medewege, Zippendorf, Mueß, US-Armee.

ISBN: 978-3-931646-39-4 (CD-ROM)

ISBN: 978-3-931646-75-2 (E-Book)

Sonderpreis für alle 3 CD-ROMs

Mappen mit je 10 alten Ansichtskarten von Schwerin

10 teilweise nicht auf der CD-ROM enthaltene Ansichtskarten zum Versenden oder Sammeln mit einer Beschreibung des historischen Hintergrundes.

August-Bebel-Straße und Gymnasium Fridericianum

Gymnasium Fridericianum mit Aula, Schliemann-Denkmal, August-Bebel-Straße 18, Eislauf auf dem Pfaffenteich, Schliemann-Denkmal, …

EAN: 428-0-000355-02-7

Werderstraße und Umgebung

Stadtkrankenhaus, Werderstraße 41, Amtstraße 19, Werdereck, Dampferanlegestelle, …

EAN: 428-0-000355-04-1

Schelfmarkt und Umgebung

Sparkasse Lindenstraße, Ziegenmarkt, Schelfstraße, Schelfmarkt mit Straßenbahn, Lindenstraße 9, Schelfkirche, …

EAN: 428-0-000355-03-4

Der Dom und das ganz alte Schwerin

Alter Garten um 1735, Dom vor dem Turmbau, Kreuzgang, Merian-Stich von 1640, Mühlenberg und Pfaffenteich 1835, Schauspielhaus (Vorgänger des Theaters), Schloss vor dem Umbau, …

EAN: 428-0-000355-05-8

Der Marienplatz

Stadthallen, Haus der Offiziere, Apotheke um 1900, Ansicht vor dem Straßenbahnbau, ... Alle bisher abgerissenen Gebäude sind zu sehen.

EAN: 428-0-000355-07-2

Der Schweriner Hauptbahnhof

Alte Bahnsteige, Eisenbahndirektion, Straßenbahn vor dem Bahnhof, Bischofswindmühle, Droschkenstand, Demmlerbauten, Grünanlagen auf den Vorplatz, ...

EAN: 428-0-000355-08-9

Paulskirche und Umgebung

Franz-Mehring-Straße, Arsenalstraße, Zeppelin und Paulskirche, Moritz-Wiggers-Straße, Severinstraße mit Kaufhaus Pommerenke, Packhof, …

EAN: 428-0-000355-06-5

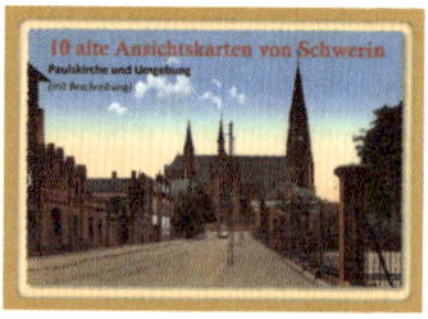

Zwischen August-Bebel- und Schelf- bzw. Puschkinstraße

Casino in der Pfaffenstraße, Gaußstraße, Körnerstraße, Röntgenstraße, Städtisches Brauhaus, Apothekerstraße, Poliklinik, …

EAN: 428-0-000355-01-0

Handwerks-, Innungs- und Zunftzeichen

Gisela Pekrul, Ernst Franta

Handwerks-, Innungs- und historische Zunftzeichen

Teil 1: Bau- und Ausbaugewerbe

DVD-ROM mit 250 historischen Zeichen im Vektor- und JPG-, PNG-Format mit Beschreibung.

Enthalten sind die Berufe: Steinmetz und Steinbildhauer, Maurer, Zimmerer, Dachdecker, Straßenbauer, Brunnenbauer, Stuckateur, Ofen- und Luftheizungsbauer, Maler und Lackierer, Tapezierer, Schornsteinfeger, Feuerungs- und Schornsteinbauer, Bauzeichner, Architekt, Ziegelbrenner, Bergleute und Feuerwehr.

ISBN 978-3-931646-42-4

Gisela Pekrul, Ernst Franta

Handwerks-, Innungs- und historische Zunftzeichen

Teil 2: Lebensmittelgewerbe

DVD-ROM mit 300 historischen Zeichen im Vektor- und JPG-, PNG-Format mit Beschreibung.

Enthalten sind die Berufe: Bäcker, Brauer und Mälzer, Fachverkäufer im Lebensmittelhandwerk, Fleischer (Metzger), Konditor, Müller, Speiseeishersteller, Weinküfer, Fischer, Gärtner, Landwirt, Koch, Gastwirt, Winzer, Schäfer.

ISBN: 978-3-86394-027-0

Gisela Pekrul, Ernst Franta

Historische Handwerkszeichen

2. vollständig überarbeitete Auflage

CD-ROM mit 52 Handwerkszeichen von 1935 (Zeichen der Reichsinnungsverbände) als farbige und schwarz-weiße Grafiken im Vektor- und JPG-, PNG-Format mit Beschreibung.

ISBN: 978-3-931646-55-4

Gisela Pekrul, Ernst Franta

Schöne alte Zunftzeichen

CD-ROM mit 40 Vektorgrafiken mit Beschneidungspfaden, JPG- und PNG-Format mit Beschreibung.

ISBN: 978-3-931646-61-5